THÉATRE
CHOISI
DE FAVART.

TOME TROISIÈME.

DE L'IMPRIMERIE DE LEBÉGUE,
RUE DES RATS, N° 14.

THÉATRE
CHOISI
DE FAVART.

> Dans les vers de FAVART on voit les fleurs écloses :
> C'est le fleuriste d'Apollon ;
> Vrai successeur d'Anacréon,
> Il cueille des lauriers en répandant des roses.
>   VOISENON.

TOME TROISIÈME.

PARIS,

LÉOPOLD COLLIN, Libraire, rue Gît-le-Cœur,
n° 4.

1809.

L'AMITIÉ

A L'ÉPREUVE,

COMÉDIE

EN TROIS ACTES ET EN VERS,

MÊLÉE D'ARIETTES.

Représentée devant LEURS MAJESTÉS, par les Comédiens Italiens ordinaires du Roi, à Fontainebleau, le 24 octobre 1786.

AVERTISSEMENT.

Cette Pièce est, sans contredit, celle que l'auteur retravailla le plus : elle fut représentée pour la première fois sur le Théâtre de la Cour, à Fontainebleau, le 13 novembre 1770; et à Paris, le 24 janvier 1771. Elle était alors en deux actes. M. l'abbé de Voisenon eut part à ce premier ouvrage.

M. Favart l'ayant réduite en un acte, elle fut jouée devant Leurs Majestés, à Versailles, le 29 décembre 1775; et à Paris, le premier janvier 1776.

Enfin, plusieurs années après, l'auteur mit cette Pièce en trois actes : elle fut représentée devant Leurs Majestés, à Fontainebleau, le 24 octobre 1786; et à Paris, le 30 du même mois. C'est de cette dernière façon qu'elle est restée au Théâtre.

A
MADAME LA DAUPHINE.

D'un jour pur, d'un jour doux, vous éclairez la France;
Toutes vos actions partent de votre cœur;
Dans vos regards sereins se peint la bienfaisance;
Et l'on vient, près de vous, respirer le bonheur.
L'amitié ne doit pas vous paraître étrangère :
Vous en faire sentir le charme séduisant,
Fut le premier bienfait de votre auguste mère.
C'est le besoin des rois; c'est leur faire un présent.
Princesse, vous daignez en accepter l'hommage;
Vous rendez plus ardens les vœux que nous formons.
Les princes ont toujours nos respects en partage;
Mais on ne leur dit point à tous : *Nous vous aimons.*

ACTEURS.

LE LORD NELSON, Membre du Parlement d'Angleterre.
BLANFORT, officier supérieur de la marine anglaise.
TIMUR, seigneur Indien, frère de Corali.
AMILCAR, nègre au service de Blanfort.
UN MAITRE A CHANTER.
UN NOTAIRE.
CORALI, jeune Indienne.
LADY JULIETTE, sœur de Nelson.
BETZI, suivante de Corali.

La Scène est à Londres, chez le Lord Nelson.

Le Théâtre représente un grand cabinet, avec une bibliothèque. A gauche des acteurs est un bureau, sur lequel il y a des livres, une écritoire, et dans les tiroirs des papiers. Quatre ou cinq fauteuils sont dans le cabinet.

L'AMITIÉ A L'ÉPREUVE,

COMÉDIE.

ACTE PREMIER.

SCÈNE PREMIERE.

JULIETTE, NELSON.

ARIETTE.

Je m'y connais, mon cher frère;
Mon cher frère, vous aimez.
Vous tenez dans le mystère
Vos sentimens renfermés :
Mais vous avez beau vous taire,
En vous taisant vous parlez.
En vain vous dissimulez,
Je m'y connais, mon cher frère;
Mon cher frère, vous aimez.
Quand cette jeune étrangère
Vient à vous, les yeux baissés,
Elle tremble, et vous, mon frère,
    Vous rougissez :
Elle craint votre colère,

L'AMITIÉ A L'ÉPREUVE,

Vous craignez de l'offenser ;
On se trahit sans y penser.

JULIETTE.   NELSON.

Ne vous cachez plus, mon frère,
Avec moi soyez sincère ;   Avec vous je suis sincère.
Corali sait trop vous plaire,
Et même vous lui plaisez.
Bon, bon, je m'y connais, mon frère,   Moi, lui plaire !
    Mon cher frère,   C'est chimère.
Tous les deux vous m'alarmez,   A tort vous vous alarmez.
Tous les deux vous vous aimez.   A tort vous vous alarmez.

JULIETTE.

Ce n'est pas d'aujourd'hui que j'ai su démêler
Les sentimens secrets que l'on veut me céler.

NELSON.

Eh ! non, ma sœur, soyez certaine....

JULIETTE.

Il suffit. Corali demande à vous parler.

NELSON.

Corali ?

JULIETTE.

Oui, cela vous fait-il de la peine ?

NELSON.

De la peine à moi ? Non ; mais sans doute, ma sœur,
Vous savez quel sujet l'amène ?

JULIETTE.

Elle ne me fait pas l'honneur
De me prendre pour confidente.

COMÉDIE.

NELSON.

De jour en jour son air est plus rêveur ;
D'elle-même elle est différente.
Vous ne la traitez pas, peut-être, avec aigreur ?

JULIETTE.

Vous me faites injure.

NELSON.

Elle aime la retraite....
Ah ! c'est assurément Blanfort qu'elle regrette.

JULIETTE.

Elle le doit, au moins, il est son bienfaiteur.
Faut-il vous rappeler l'état de sa misère ?
Dans ces temps où la France, Hyder et l'Angleterre
Livraient les bords du Gange au carnage, à l'horreur,
Blanfort la préserva des fureurs de la guerre,
Et devint son libérateur.
Cette jeune Indienne a perdu sa famille :
Déjà Timur son frère, et son seul défenseur,
Timur était tombé sous un joug oppresseur :
Son père, en expirant sous le fer du vainqueur,
A Blanfort confia sa fille.
Par la raison, par la douceur,
Blanfort sut abréger le temps de son enfance ;
Il l'éclaira par la reconnaissance,
Et hâta son esprit en parlant à son cœur.

NELSON, *vivement, et avec une espèce d'enthousiasme.*

Au-dessus de son âge il est vrai qu'elle pense ;
Ame noble, sensible et franche avec décence....
 Dans ses yeux on voit la candeur.

JULIETTE.

Comme vous en parlez, mon frère, avec chaleur !
Ce transport vous trahit.

NELSON.

     Sur une conjecture....

JULIETTE.

Conjecture ! ah ! l'heureux détour !

NELSON.

Pouvez-vous soupçonner l'amitié la plus pure ?

JULIETTE.

C'est un voile que prend l'amour.

NELSON.

Mais....

JULIETTE.

  Je vous aime trop pour n'être pas sincère.
Vous, défenseur des lois : Ah ! quel égarement !
Vous allez dégrader ce noble caractère ;
 Vous allez être indubitablement
 Ami trompeur, parjure à son serment,
  Et perfide dépositaire.

NELSON.

Moi, je pourrais....

COMÉDIE.

JULIETTE.

Que ne puis-je en douter !
A Blanfort, Corali doit être mariée ;
A son départ pour l'Inde il vous l'a confiée :
Sur un dépôt si cher il aurait dû compter ;
Vous le lui ravissez : dans les cœurs je sais lire,
Dans le vôtre surtout.

NELSON.

Qu'osez-vous me prédire ?.....

JULIETTE.

Ce que vous devez éviter.
Auprès de Corali prenez un air plus grave,
Et, quand elle vous parle, abrégez l'entretien.

NELSON.

Alors elle croira qu'on la traite en esclave.

JULIETTE.

Vous aimez mieux être le sien.
Corali va venir, mon frère, et je crains bien....
La raison perd ses droits quand on voit ce qu'on aime.

NELSON.

Allez, ma sœur, ne craignez rien ;
J'ai prévu le danger, l'honneur est mon soutien.
Je sais commander à moi-même.

SCÈNE II.

NELSON, seul.

ARIETTE.

Non, non, jamais,
Jamais l'amour ne troublera la paix
Qui règne dans mon ame ;
Je triompherai de sa flamme :
L'honneur, chez un Anglais,
Doit l'emporter sur la tendresse.
Aurais-je la faiblesse....
Non, non, jamais, etc.
Mais je sens que mon cœur
N'a pas tant de rigueur.
Eh! comment s'empêcher d'adorer tant d'attraits!
Par son empire,
L'Amour attire,
Enchaîne,
Entraîne....
Pour lui nos cœurs sont-ils donc faits ?
Mais m'exposer à des regrets,
Céder à la tendresse,
Aurais-je la faiblesse....
Non, non, jamais, etc.

SCÈNE III.

CORALI, NELSON.

NELSON.

Aimable Corali, ma sœur vient de m'instruire
Que vous désirez me parler.

CORALI.

Mais, vraiment, j'ai toujours quelque chose à vous dire.

NELSON.

A moi ?

CORALI.

Oui, pourquoi vous troubler ?

NELSON.

Moi, me troubler !....

CORALI.

Très-fort, cela me fait trembler.

ARIETTE.

Si je pense, c'est votre ouvrage ;
Je vois en vous la vérité :
Vous m'en enseignez le langage,
Avec plaisir, j'en fais usage ;
Je peins ma sensibilité.
Excusez ma timidité ;
Pour un maître c'est un hommage ;
Mais dans mon cœur sans fausseté,
Que la reconnaissance engage,
Démêlez bien la vérité
Dont vous m'enseignez le langage.

L'AMITIÉ A L'ÉPREUVE,

NELSON, *à part.*

Je ne sais où j'en suis, et mon cœur transporté....
Ah! ma sœur m'a dit vrai.

CORALI.

Cette vivacité
Est peut-être un mauvais présage;
Vous aurais-je déplu?

NELSON.

Déplu! vous?

CORALI.

Un nuage
Semble obscurcir cette sérénité
Qui régnait sur votre visage.
Ah! Nelson, contre moi je vous crois irrité!

NELSON.

Non, je vous en réponds.

CORALI.

Enfin, j'ai dans l'idée
Que je vous importune fort;
Depuis un certain temps vous craignez mon abord,
A peine suis-je regardée.

NELSON, *à part.*

Que je fais un cruel effort!

CORALI.

Ici, vous ne m'avez gardée
Que par amitié pour Blanfort.

NELSON.

Dès que l'on vous connaît, on en perd le mérite.
J'ai fait l'office d'un ami;
Plus je vous vois, plus je m'en félicite,
Et maintenant je ne fais rien pour lui.

(*Corali, emportée par sa passion, commence à tutoyer Nelson.*)

CORALI.

Ah! je suis rassurée.... Oui, Nelson, car je t'aime
Avec tant de franchise, avec tant de plaisir....

NELSON, *troublé.*

Corali.... vous m'aimez !....

CORALI.

Cent fois plus que moi-même;
Et jusqu'à mon dernier soupir....

NELSON, *à part.*

O Dieu!

(*A cette exclamation de Nelson, Corali rentre dans le respect qu'elle a pour lui.*)

CORALI.

Qu'avez-vous?

NELSON, *froidemnnt, mais troublé.*

Rien.

CORALI.

Je vous entends gémir.

L'AMITIÉ A L'ÉPREUVE,

NELSON.

Pardon, j'ai dans l'esprit une affaire importante;
Il faut sur un procès répandre un jour nouveau.

CORALI.

L'affaire est-elle si pressante?

NELSON.

Oui.... oui, permettez-moi d'aller à mon bureau.

CORALI *s'assied vis-à-vis de Nelson.*

Travaillez, je vais prendre un livre.

(*Nelson se met à son bureau; il en tire quelques papiers, des livres, et se dispose à travailler; Corali prend un livre et lit.*)

« Traité de l'Amitié, maximes qu'il faut suivre. »

NELSON, *à part.*

Voyons donc sur quel exposé
Je puis justifier l'innocent accusé,
L'innocent dans les fers.

CORALI.

Il faut qu'on le délivre.

NELSON.

Vous ne lisez donc pas?

CORALI.

Si fait.

Mais j'écoutais.

COMÉDIE.

NELSON.

Du moins soyez silencieuse ;
Un seul mot de vous me distrait.

CORALI.

Et moi, quand vous parlez, je deviens curieuse.

NELSON.

Et bien, ne disons rien tous deux.

CORALI.

Ce que vous voulez, je le veux.

(*Les quatre vers suivans sont précédés et entrecoupés par des traits de symphonie qui remplissent les silences, pendant lesquels Nelson et Corali se regardent de temps à autre, et qui expriment leur émotion, ce qui forme une espèce de mélodrame.*)

NELSON.

Examinons ces pièces d'écriture.

Symphonie.

CORALI.

Recommençons notre lecture.

Symphonie.

NELSON.

Je ne puis travailler.... toujours devant mes yeux,

Symphonie.

CORALI, *jetant son livre sur le bureau.*

Oh! ce livre est trop ennuyeux.

Symphonie. (*Fin du mélodrame.*)

NELSON.

Corali, prenez-vous donc garde
A quoi nous employons le temps.

CORALI.

Oui, Nelson me regarde, et moi je le regarde.
Nous ferions aussi bien de nous parler.

NELSON.

J'entends.

Vous aimez mieux parler que lire.

CORALI.

Parler avec vous, c'est s'instruire;
Et j'éprouve toujours, en ces heureux instans,
Un charme, un intérêt que l'on ne peut décrire.

NELSON, *plus troublé.*

C'en est trop, Corali, si vous voulez mon bien....
De grâce.... Corali, ne me dites plus rien.

(*Nelson renferme ses papiers, se lève précipitamment, et dit à part.*)

C'est un entretien qu'il faut rompre.

SCÈNE IV.

LES PRÉCÉDENS, JULIETTE, BETZI.

JULIETTE, *à Nelson, d'un ton ironique.*

Pardon, si l'on vient interrompre....

BETZI, *en annonçant à Corali.*

Miss Corali, votre maître à chanter.

(*Elle sort après avoir annoncé.*)

NELSON.

Il vient bien à propos.

JULIETTE, *à Corali.*

Il faut en profiter.
Cultivez avec soin les talens agréables :
Une femme souvent leur doit tout son bonheur ;
Ce sont presque toujours des secrets immanquables
Pour séduire un époux, et pour fixer son cœur.

Contre l'ennui ce sont des armes :
C'est par eux qu'un mari s'attache à sa maison ;
Et tous les talens sont des charmes
Que l'Amour inventa pour plaire à la raison.

CORALI, *à Nelson.*

Et bien donc, vous serez l'objet de ma leçon.

(*Elle sort.*)

SCÈNE V.

JULIETTE, NELSON.

JULIETTE.

Que vois-je? de vos yeux il échappe des larmes?...

NELSON.

Que je suis malheureux! ma sœur.... Je suis aimé.

JULIETTE.

J'avais bien raison de le craindre.

NELSON.

Corali me l'a confirmé.
Son ame, incapable de feindre,
N'a pris ni voile ni détour;
Son esprit naturel, que rien ne peut contraindre,
Pense qu'il est permis d'exposer au grand jour
Ce sentiment si doux, ce penchant de l'amour
Que l'éducation nous ordonne d'éteindre
Lorsque le cœur en prescrit le retour.

JULIETTE.

L'amitié va perdre sa cause....

COMÉDIE.

NELSON.

Non, à cet affreux repentir
Ne croyez pas que je m'expose,
Ma sœur; et pour m'en garantir,
Je suis dès ce moment résolu de partir.

JULIETTE.

De partir....

NELSON.

Oui sans doute, et je vais quitter Londre :
A mon ami je sais ce que je dois;
Ce n'est qu'en m'éloignant que je puis en répondre.
Comment pourrais-je voir sans cesse auprès de moi
Une beauté sensible et vertueuse
Me demander et me donner la loi?
La circonstance est dangereuse,
Et pour être exact à sa foi,
Quel homme aurait la force malheureuse
De pouvoir répondre de soi?

SCÈNE VI.

NELSON, JULIETTE, CORALI, LE MAITRE A CHANTER.

CORALI, à *Juliette*.

Ladi, j'amène ici mon maître;
Il faut que devant vous je prenne ma leçon,
Vous aimez la musique, et vous pourrez connaître
Si je chante assez bien pour amuser Nelson.

JULIETTE.

J'en suis certaine avant de vous entendre.

CORALI, à *Nelson*.

Quand vous m'écouterez, ma voix sera plus tendre.

LE MAITRE.

Miss a du goût, de l'âme, et vous le prouvera.

NELSON.

Dites de quel pays la musique sera:
Italienne, Allemande, Française?

JULIETTE.

Mon frère, là-dessus point de discussions;
Il est pour en juger une règle très-sûre:
Toute musique doit rendre les passions;
Celle qui sait exprimer la nature
Est de toutes les nations.

COMÉDIE.

LE MAITRE.

Ladi pense très-juste, et je pense comme elle :
L'arrêt qu'elle vient de porter
Doit terminer toute querelle.

(*A Corali.*)

Miss Corali, vous plaît-il de chanter?

CORALI *chante.*

Du Dieu d'amour en bravant la puissance,
On s'expose à ses rigueurs :
On croit le fuir; mais les traits qu'il nous lance
Ont déjà frappé nos cœurs.
Au doux murmure des fontaines,
En vain l'on cherche le repos ;
Et le ramage des oiseaux
Réveille encor nos peines.
On languit,
On gémit,
On se tourmente,
Toujours la peine augmente.
Mais on se livre à l'espérance,
Quand l'amour unit deux cœurs.
Du Dieu d'amour en servant la puissance,
On mérite ses faveurs.
Le ciel est pur, nos jours sont doux ;
Quand les plaisirs forment nos chaînes,
Au doux murmure des fontaines,
Alors on goûte le repos ;
Et loin de nous l'amour bannit les peines.
Oui, tout remplit nos désirs,
Quand les nœuds des plaisirs
Forment nos chaînes.

NELSON, *à part.*

Quelle voix légère et touchante !
Quel empire elle prend sur moi !

LE MAITRE.

Eh bien, milord, trouvez-vous qu'elle chante ?....

NELSON.

Oui ; mais pour aujourd'hui c'en est assez, je crois.

LE MAITRE *se retire*, *en disant à Corali :*

Vous chantez assez bien pour vous passer de maître.

SCÈNE VII.

NELSON, JULIETTE, CORALI.

CORALI.

C'est pour m'encourager qu'il me flatte, peut-être ?

JULIETTE.

Non, Corali, vous chantez tout au mieux.
Allez, allez, laissez-moi faire,
La musique rendra nos jours moins ennuyeux
Pendant l'absence de mon frère.

CORALI, *avec la plus grande surprise.*

Comment donc ?

NELSON.

Oui, je pars, je vais bien loin d'ici.

CORALI.

Où donc ?

COMÉDIE.

JULIETTE.

Où son devoir l'appelle.

CORALI.

Mais Juliette et moi, nous vous suivrons aussi ?

NELSON.

Non, Corali, je vous laisse avec elle.

SCÈNE VIII.

LES PRÉCÉDENS, BETZI, *accourant avec la plus grande joie.*

MILORD, un Nègre arrivé dans ce port,
Vient vous apporter des nouvelles
De votre ami Blanfort.

JULIETTE.

De Blanfort !

NELSON.

De Blanfort !

Faites entrer.

JULIETTE.

Nous apprendrons par elles
Si son voyage a secondé nos vœux.

CORALI.

Je désire qu'il soit heureux.

L'AMITIÉ A L'ÉPREUVE,

SCÈNE IX.

LES PRÉCÉDENS, AMILCAR, *Nègre*, BETZI.

AMILCAR, *à Nelson.*

Bonjour à toi, monsie,
(*A Juliette.*) Bonjour à toi, madame,
(*apercevant Corali.*)

Mais... mais... que voir ?... c'est... oui, oui, oui.
O charmant trésor de mon âme!
C'est Corali, c'est Corali!

CORALI.

Soutien de ma tendre jeunesse,
C'est Amilcar!

AMILCAR.

Oui, ce pauvre Amilcar.

CORALI ET AMILCAR, *ensemble.*

Fidèle esclave de Zimar.   Qui servit ton père Zimar.

AMILCAR.

ARIETTE.

Ah! quel plaisir! quelle allégresse!
Moi revoir ma chère maîtresse!
Là, là, là, là, là, là, là,

(*A Nelson et à Juliette alternativement.*)

Sur ce bras-ci, sur ce bras-là,
Dans son enfance,
Dès sa naissance,
Moi la porter,
Faire sauter,
La balancer,
La caresser,
Et puis comm' ci, comm' ça,
Là,

(*Il fait comme s'il posait un enfant à terre pour danser autour de lui.*)

Autour d'elle moi danse.
Là, là, là, là, là, là, là.

CORALI.

Laisse tes soins pour mon enfance ;
Parle-nous de Blanfort.

NELSON, JULIETTE.

Parle-nous de Blanfort.

JULIETTE.

Arrive-t-il ?

NELSON.

Est-il au port ?

CORALI.

A-t-il fait bon voyage ?

JULIETTE.

Avons-nous l'espérance....

L'AMITIÉ A L'ÉPREUVE,

AMILCAR.

Voyage bon, mauvais.

JULIETTE.

O ciel!

NELSON.

Je suis en transe.

CORALI.

Fais-nous un fidèle rapport.

AMILCAR.

ARIETTE.

Par un vent frais, nous quitter le rivage,
Mer paisible, ciel sans nuage;
Vive gaîté régner sur notre bord,
Et lestement nous voguer vers le nord.

NELSON, JULIETTE, CORALI, BETZI.

Avec Blanfort?

AMILCAR.

Avec Blanfort.
Long-temps tout pour nous favorable;
Mais....

NELSON, JULIETTE, CORALI.

Mais?....

AMILCAR.

Rien, rien durable.
O triste sort!
Sur les côtes d'Angleterre,
Tout près, tout près de la terre,

COMÉDIE.

    Vent souffler,
Mer s'enfler : (*hou! hou! hou!*)
Grand tonnerre : (*pr! pr! pr!*)
    Patatras !...
    Et deux mâts
    En éclats.
    Le navire
    Tourne, vire,
    Touche un roc :
    Par le choc,
    Mon bon maître,
    Qui m'est si cher
    Tomber dans la mer,
    Et disparaître.

NELSON, CORALI, JULIETTE, BETZI, *ensemble.*

(*Vivement.*)

O triste sort !
Il est mort ! il est mort !

AMILCAR, *froidement.*

    Pas encor, pas encor.
(*Vivement.*)   Moi, bon courage.
    Zeste à la nage,
    Nage, nage ;
    Moi plonger :
    Du danger
    Moi le tire.
    Il respire,
Et sain et sauf sur le port le voilà :
    Ta, la, la, la, la.

ENSEMBLE.

NELSON.	CORALI.	JULIETTE.	BETZI.
Un tel service aura sa récompense : Jamais Nelson ne l'oubliera.	Amilcar a des droits à ma reconnaissance : Jamais mon cœur ne l'oubliera.	Nous lui devons son existence, Et jamais on ne l'oubliera.	Un tel service aura sa récompense, Et jamais on ne l'oubliera.

L'AMITIÉ A L'ÉPREUVE,

AMILCAR.

Et sain et sauf sur le port le voilà :
Tà, là, là, là, là, là, là.

JULIETTE.

O digne esclave !

CORALI.

O serviteur fidèle !

NELSON, *lui présentant sa bourse.*

Tiens, prends.

AMILCAR, *la refusant.*

Non, rien; jamais, jamais :
Quand sauver maître à moi, tout avoir, tout.

NELSON.

Quel zèle !

AMILCAR.

Quand maîtres bons, nous bons; quand mauvais, nous mauvais :
Eux seuls faire ce que nous sommes.

NELSON.

De la nature en lui je reconnais les traits :
C'est une leçon pour les hommes.

AMILCAR.

Moi n'avoir pas besoin de rien :
Affranchi par Blanfort, homme sensible et brave;
Mais, par le sentiment, moi toujours son esclave.

BETZI.

Il m'attendrit, il est homme de bien.

COMÉDIE.

NELSON.

Où Blanfort est-il ?

AMILCAR.

Au rivage,
Où du vaisseau maltraité, démâté,
Faire réparer le dommage ;
Et puis après d'abord en très-bonne santé,
Se rendre ici, pour faire mariage
De lui, de toi.

CORALI, *soupirant avec tristesse.*

De moi ?

AMILCAR.

Ton frère est du voyage :
Lui venir tout exprès de l'Inde pour te voir.

CORALI.

Mon frère ?.... Quel heureux présage !

AMILCAR.

Mais le plaisir me fait oublier mon devoir.

NELSON.

Comment ?

AMILCAR.

Moi porteur d'une lettre
De Blanfort : à qui la remettre ?

(*Juliette prend la lettre, la donne à Nelson, qui*

L'AMITIÉ A L'ÉPREUVE,

lit bas. Juliette s'appuie sur l'épaule de Nelson, pour voir ce que la lettre contient. Corali veut s'approcher d'eux; le Nègre la retient.)

AMILCAR, *chante.*

Grande, grande réjouissance!
Blanfort à toi s'unir,
Et ton frère venir.
Chaque jour ici bombance.
Ah! quel plaisir, quel plaisir ce sera!
Grande, grande réjouissance,
Et moi danser le Calinda*:
Tà, là, là, là, là.

NELSON, *haut.*

Voici ce que Blanfort m'adresse....
(*A Betzi.*) Betzi, prenez soin d'Amilcar.

JULIETTE.

Et qu'on le traite avec égard.

BETZI, *à Amilcar.*

Homme rare dans ton espèce,
Viens, viens. (*A part.*) Ce garçon m'intéresse.

---

* Danse favorite des Nègres.

SCÈNE X.

NELSON, CORALI, JULIETTE.

NELSON *lit la lettre de Blanfort.*

« Je suis arrivé, mon ami ;
« Je t'en fais part à l'instant même.
« Je vais revoir tout ce que j'aime !
« Je recevrai de toi l'aimable Corali,
　« Ce dépôt, ce trésor si rare,
« Que ta fidélité reçut de mon amour.
　« Avec plaisir je touche à l'heureux jour
　　« Où notre bonheur se prépare.
« J'espère que ta sœur, par amitié pour moi,
« Des momens précieux sachant faire l'emploi,
« Aura formé le cœur de ma jeune pupille,
« Enrichi son esprit par une étude utile ;
« Je verrai ses talens égaux à ses attraits.
« Et ma félicité sera bien plus réelle.
« Que je serai content ! C'est un de vos bienfaits
　« Que je vais posséder en elle. »

JULIETTE, à *Corali.*

Mais pourquoi donc cet excès de froideur ?

L'AMITIÉ A L'ÉPREUVE,

NELSON, à *Corali*.

Voici pour vous une heureuse nouvelle.
(*Il continue de lire.*

« O Corali ! pour toi quelle douceur ;
 « Timur, si cher à ta mémoire,
 « Sera témoin de mon bonheur.
 « Timur, comblé de fortune et de gloire,
 « Dès ce jour même embrassera sa sœur. »

CORALI.

Quelle faveur du ciel m'est enfin accordée !
O mon frère ! je vais....

NELSON.

Quel est votre dessein ?

CORALI.

Ah !.... d'épancher mon ame dans son sein.

JULIETTE.

Gardez-vous....

CORALI.

Non, je suivrai mon idée.

NELSON.

Blanfort vient réclamer les droits qu'il a sur vous.

JULIETTE.

Il faut sans balancer l'accepter pour époux.

CORALI.

Et moi, sans balancer, je suis très-décidée
A lui déclarer net que je ne le puis pas.

JULIETTE.

Mais....

CORALI.

Par la vérité je fus toujours guidée :
Voilà le seul conseil dont je veux faire cas.

NELSON.

Ma sœur, je pars en diligence.

JULIETTE.

Mais pouvez-vous avec décence
Vous éloigner au moment que Blanfort...

NELSON.

Comment soutenir sa présence ?
Ah ! ma sœur, cachez-lui mon tort ;
Et comme vous pourrez, excusez mon absence.

(*A Corali.*)

Vous, jusqu'à mon retour, observez le silence ;
Car de vous va dépendre, ou ma vie ou ma mort.

(*A Juliette.*)

Je me fie à votre prudence,
Ma sœur.

JULIETTE.

Partez, j'en suis d'accord.

L'AMITIÉ A L'ÉPREUVE,

TRIO.

NELSON.	CORALI.	JULIETTE.
Je pars, rien ne m'arrête;	Vous ne partirez pas,	Votre voiture est prête;
Ne suivez point mes pas.	Vous ne partirez pas.	Partez, ne cédez pas.
Elle me désespère.	Corali t'est si chère,	Partez, partez, mon frère.
	Et tu veux la quitter!	Partez sans l'écouter.
		La raison vous éclaire.
Ah! trop cruelle sœur!	Ah! trop cruelle sœur!	N'écoutez que l'honneur
Non, tu n'es pas haïe.	Je me croirai haïe.	De l'amitié trahie.
	Cher Nelson, si tu pars,	
Ah! je crains tout de ses regards.	Sois attendri par mes regards.	Craignez bien plutôt les regards.
(*A Juliette.*)		
Ah! vous me rendez à moi-même.	O désespoir extrême!	
	Arrête.......	
(*A Corali.*)		(*A Nelson.*)
Ne me suivez pas.	Mais il s'échappe de mes bras.	Ne l'écoutez pas.
		(*A Corali.*)
Ne suivez point mes pas.	Dieu! il ne m'aime pas.	Ne suivez point ses pas.

FIN DU PREMIER ACTE.

ACTE II.

Le Théâtre représente un grand salon meublé richement; à droite des acteurs est une table, et plusieurs fauteuils des deux côtés du théâtre. Il y a une grande porte dans le fond, et deux petites latérales. Celle qui est à droite des acteurs, conduit à l'appartement de Corali.

SCÈNE PREMIÈRE.

TIMUR, AMILCAR.

AMILCAR.

C'est ici, c'est ici; bientôt la voir paraître,
Timur, mon cher et premier maître!
Le fidèle Amilcar partager ton plaisir.

TIMUR.

Mais personne à mes yeux ici ne vient s'offrir.

AMILCAR.

Le chouisse dire à moi, dans sa loge enfumée :
La maison est dehors, milord Nelson parti;
Tout le monde avec lui sorti.

TIMUR.

Et Corali?

AMILCAR.

Chez elle renfermée
A lire, travailler, s'ennuyer ou dormir.

TIMUR.

Quand tu l'as vue, était-elle contente?

AMILCAR.

Oui, te voir, t'embrasser, faire tout son désir.

TIMUR.

Comment l'as-tu trouvée?

AMILCAR.

Ah! charmante, charmante.

ARIETTE.

De fraîcheur, de grâces, d'amour,
Cet enfant être une merveille,
Être l'aurore qui s'éveille,
Et son regard le point du jour.

Les caneliers, les ananas,
Sentir moins bon que son haleine;
Une ame noble, tendre, humaine,
Augmenter encor ses appas.

Doux parler, gracieux souris,
Beaux yeux touchans, paupière noire,
Et deux petits cocos d'ivoire
Qu'amour semble avoir embellis.

De fraîcheur, de grâces, d'amour,
Cet enfant être une merveille,
Être l'aurore qui s'éveille,
Et son regard le point du jour.

COMÉDIE.

TIMUR.

Me sait-elle en ces lieux? est-elle prévenue?....
Va t'informer.... qui peut la retenir ?
Va, cours.....

AMILCAR.

Moi la faire venir.

TIMUR.

Je suis impatient de jouir de sa vue.

SCÈNE II.

TIMUR.

ARIETTE.

O Blanfort! généreux vainqueur,
Quels droits n'as-tu pas sur mon cœur!
L'humanité qui règne dans ton ame,
De tes soldats réprimant la fureur,
A travers le fer et la flamme,
A sauvé les jours de ma sœur.
O Blanfort! généreux vainqueur,
Quels droits n'as-tu pas sur mon cœur!
Après plus de cinq ans d'absence,
Pour Timur quelle jouissance!
Je vais donc embrasser ma sœur.
O Blanfort! généreux vainqueur.

Amilcar ne vient point.... je suis dans la souffrance....
Qu'il tarde à mon impatience....

SCÈNE III.

TIMUR, AMILCAR, *pleurant et sanglotant dans la coulisse.*

DUO DIALOGUÉ.

Hi, hi, hi.

TIMUR.

Qu'entends-je !

AMILCAR.

Hi, hi, hi,
Ma Coralі
Être dans la douleur.....

TIMUR.

Quel malheur ai-je à craindre ?

AMILCAR.

Elle gémir, se plaindre,
Être dans la douleur.

TIMUR.

Tu me remplis d'alarmes.

AMILCAR.

Ses la-armes.... hi, hi, hi, ses larmes
Tomber sur mon cœur.
Doucement près de la porte,
Peur de troubler son repos;
Moi m'approcher de la sorte,
Entendre soupirs, sanglots.

Elle dire, avec délire :
— Ah ! Blanfort ! ah ! cher Nelson !
Tous deux faire mon martyre,
Et vingt fois répéter ton nom.
Hi, hi, hi.
Corali, ma pauvre Corali,
Être dans la douleur.

TIMUR.

Pourquoi répandre des larmes ?
Qui peut causer ses alarmes ?
Tu me perces le cœur.

ENSEMBLE.

AMILCAR.	TIMUR.
Ses lar...mes	Qui peut causer ses alarmes ?
Tomber sur mon cœur.	Tu me perces le cœur.

TIMUR.

J'éprouve une peine cruelle ;
Amilcar, conduis-moi près d'elle.

AMILCAR.

Oui, maître, viens ; mais la voici.
Ah ! vois donc, vois donc qu'elle est belle !

SCÈNE IV.

TIMUR, AMILCAR, CORALI, BETZI.

CORALI, *entrant avec précipitation sur la scène, dit à Betzi, sans voir Timur:*

Ah ! puisque l'ingrat est parti,
Comme lui je prends mon parti.

TIMUR, *courant à sa sœur.*

Corali !

CORALI, *se jetant dans les bras de Timur.*

Mon frère ! ah ! mon frère !

(*Ils s'embrassent.*)

TIMUR.

Ma chère Corali !....

CORALI.

Par quel destin prospère
Le ciel te rend-il à mes vœux ?
Quel est ton sort ?

TIMUR.

Des plus heureux.
Surpris par les Anglais sur les rives du Gange,
Deux ans je fus captif; délivré par échange,

COMÉDIE.

J'ai servi sous Hyder-Ali :
L'honneur et la fortune ont couronné mes armes.
Enfin, je revois Corali,
Et tout mon espoir est rempli.

CORALI.

Je n'ai jamais éprouvé tant de charmes !

TIMUR.

Mais sur ton visage abattu
Je vois la trace de tes larmes.

CORALI, *avec un profond soupir.*

Ah !

(*Elle fait signe à Betzi de se retirer.*)

TIMUR, *à Amilcar.*

Sors.

SCÈNE V.

TIMUR, CORALI.

TIMUR.

A quels chagrins, ma sœur, te livres-tu ?

CORALI.

Dans le silence je soupire :
On me fait un devoir de cacher mon martyre.

TIMUR.

A Timur : à ton frère !.... Eh ! mon cœur est le tien !
C'est te confier à toi-même.

CORALI.

Hélas ! mon frère, j'aime....

TIMUR.

Eh bien......
Tout doit aimer : c'est une loi suprême.

CORALI, *hésitant*.

Pardonne à ce cœur éperdu.

TIMUR.

L'amour est faiblesse ou vertu ;
Tout dépend du choix qu'on sait faire.
Quel est l'objet de ta flamme ?

CORALI.

Ah ! mon frère !....
Nelson.....

TIMUR.

Nelson !.... Qu'ai-je entendu !

DUO DIALOGUÉ.

CORALI.

Par un charme puissant je me sens entraînée ;
Rien ne peut vaincre mon ardeur.

TIMUR.

A ce penchant fatal ma sœur abandonnée,
S'ouvre l'abîme du malheur.

COMÉDIE.

CORALI.

Que ne puis-je à Nelson unir ma destinée :
Lui seul eût fait tout mon bonheur.

TIMUR.

Tu ne peux à Nelson unir ta destinée,
Sans offenser Blanfort, Blanfort ton bienfaiteur.

ENSEMBLE.

CORALI.	TIMUR.
Ah! tu m'accables de douleur.	Ah! je frémis de ton malheur.
Juste Ciel! à quels maux suis-je donc condamnée!	Ah! ma sœur, à quels maux je te vois condamnée!
Ah! tu m'accables de douleur.	Voudrais-tu lui plonger un poignard dans le cœur ?
Ah! plutôt mille fois expirer de douleur.	Oui, tu lui plongerais un poignard dans le cœur.

CORALI.

Quel tourment ! Rien ne le soulage.
Épouserai-je Blanfort ?

TIMUR.

Non.
Et puisqu'un autre objet t'engage,
Ce serait un nouvel outrage.
Un parjure, une trahison ;
Il lui faut un cœur sans partage.
Ma chère sœur, si tu chéris Timur
Autant que ton sort l'intéresse,
Viens, triomphe de ta faiblesse.
Jamais pour les amans il n'est un plaisir pur ;
Au sein de l'amitié le bonheur est plus sûr :

C'est le calme du cœur, l'amour en est l'ivresse.
Viens habiter notre séjour;
D'un frère, ton ami, partage la tendresse :
L'amitié s'enrichit des pertes de l'amour.

On retranche à la représentation la tirade suivante, et tout ce qui est marqué par des guillemets, pour éviter les longueurs.

(*Corali va s'asseoir vis-à-vis de la table sur laquelle elle s'appuie, et paraît troublée et dans l'indécision. Timur s'approche d'elle, et lui dit :*)

« Dans nos heureux climats l'astre du jour se lève;
« Nous jouissons de ses premiers regards
« Jusqu'au moment où sa course s'achève.
« C'est là qu'on voit de toutes parts
« Les fleurs, les fruits, l'ombrage, la verdure :
« C'est le trône de la nature,
« Où règne un printemps éternel.
« Avec l'air notre ame s'épure.
« Tu reverras le foyer paternel,
« Tu reverras tes premières compagnes :
« Elles te presseront dans leurs bras caressans,
« Et dans nos riantes campagnes
« Tu pourras te mêler à leurs jeux innocens :
« Un Dieu protége nos asiles.
« Ils ne sont plus ces temps de trouble et de forfaits :
« Un Roi, monarque des Français,
« Nous assure des biens tranquilles ;
« Partout il a planté l'olivier de la paix. »

(*Corali, pendant cette dernière tirade, prête une attention qui, par degrés, devient plus vive. Elle se lève avec résolution.*)

Je te suivrai, je m'y suis préparée.
C'en est fait, de Nelson pour jamais séparée...

COMÉDIE. 45

TIMUR.

Je vais trouver Blanfort : il est plein d'équité ;
Je le rendrai sensible à ta souffrance :
Et, sans manquer à la reconnaissance,
J'en obtiendrai ta liberté.

SCÈNE VI.

CORALI, seule.

Je vais donc m'exiler sous un autre hémisphère,
Qui ne sera pour moi qu'une vaste prison.

(Après une pause.)

Il faut à mon secours appeler la raison.
Je sèmerai des fleurs sur les cendres d'un père,
Je me consolerai par l'amitié d'un frère,
Et j'oublierai.... puis-je oublier Nelson !

ROMANCE.

A quels maux il me livre !
Nelson, Nelson, mon ame va te suivre :
Sans toi pourrais-je vivre ?
Et tu m'en fais la loi.
Au lieu d'un bien suprême,
Tu vas d'un cœur qui t'aime
Rendre la peine extrême ;
Mais sais-je si toi-même
Tu songeras à moi,
Tu penseras à moi ?

L'AMITIÉ A L'ÉPREUVE,

Dans nos bois, dans nos plaines,
Hélas! hélas! mes larmes seront vaines;
Je vais traîner mes chaînes
Et gémir loin de toi.
De l'une à l'autre aurore,
Tout va nourrir encore
Un tourment qui dévore....
Mais toi qu'en vain j'implore,
Vas-tu songer à moi?
Vas-tu penser à moi?

Du charme de t'entendre,
Comment, comment pouvais-je me défendre?
Si mon cœur fut trop tendre,
Ah! ne t'en prends qu'à toi:
Tu m'en appris l'usage,
Je t'en devais l'hommage.
J'emporte ton image;
Mais toi, que rien n'engage,
Vas-tu songer à moi?
Vas-tu penser à moi?

Que l'amour te rappelle
Ce cœur, ce cœur si tendre, si fidèle,
Dont ta fierté cruelle
A dédaigné la foi.

(*Fièrement.*)

Que je sois retracée
Dans ton ame oppressée;

(*Avec attendrissement.*)

Mais que dis-je, insensée?....
Ah Nelson! bannis de ta pensée
Tout souvenir de moi,
Tout souvenir de moi.

SCÈNE VII.

CORALI, JULIETTE.

JULIETTE.

Quel nouveau trouble vous agite?

CORALI.

C'est à regret que je vous quitte....
Et votre souvenir me sera précieux.

JULIETTE.

Expliquez-moi cette conduite.

CORALI.

Je vais avec mon frère abandonner ces lieux;
Dans son sein je trouve un asile :
Ce séjour, sans Nelson, me serait odieux.

JULIETTE.

Quoi! vous pourriez?.....

CORALI.

Remontrance inutile.
Très-décidément je m'en vais:
Pouvez-vous le trouver mauvais ?
Le départ de Nelson vous semblait nécessaire,
Et vous voulez vous opposer au mien :
M'aimez-vous plus que lui, moi qui ne vous suis rien?

JULIETTE.

Nelson sait à quel point sa tendresse m'est chère.

CORALI, *avec humeur.*

Et pourquoi donc l'avez-vous fait partir ?
Ah ! je vous haïrais...., si je pouvais haïr.

JULIETTE, *affectueusement.*

Vous me haïriez, vous ?

CORALI, *tendrement, en baisant la main de Juliette.*

Pardonnez, je m'égare.
Non.... jamais.... non. (*Avec résolution.*) Mais je déclare
Que je veux m'éloigner de ces affreux climats,
  Où de vos lois l'injustice barbare
Veut disposer d'un cœur qui ne se donne pas ;
  Où l'on défend d'aimer, d'être sincère,
Où l'amour le plus pur éprouve des combats,
  Où la nature est la seule étrangère.

JULIETTE, *à part.*

Que puis-je lui répondre ? hélas !

SCÈNE VIII.

CORALI, JULIETTE, AMILCAR, BETZI.

AMILCAR, *à Juliette.*

Maitre Blanfort m'envoyer tout-à-l'heure,
Madame, dire à vous que sous vot' bon plaisir,
Lui bientôt en ces lieux établir sa demeure.

BETZI.

Avec milord Nelson, qu'on a vu revenir.

JULIETTE.

Nelson?

CORALI.

Nelson revient? Je reste.
O doux moment!

JULIETTE, *à part, à Corali.*

Je crains qu'il ne vous soit funeste,
Par égard pour Nelson, réprimez cette ardeur:
Ses jours sont consumés par la mélancolie,
Et son état me remplit de frayeur:
Contraignez-vous, par amour pour sa vie..

L'AMITIÉ A L'ÉPREUVE,

QUATUOR.

Nota. Dans cette Scène simultanée, Corali est seule sur le devant du Théâtre, et les autres dans le fond.

JULIETTE, à Betzi.	CORALI, avec tout l'intérêt du sentiment.	BETZI.	AMILCAR.
C'est cet appartement Que Blanfort doit avoir. Voyez si tout est prêt pour le bien recevoir.	O cher objet de ma tendresse! Corali va donc te revoir!		
Voyez si tout est prêt pour le bien recevoir.	Amour! Amour! ô douce ivresse! Tu fais renaître mon espoir. *(D'un mouvement plus vif.)*	A tout j'ai su prévoir; Je connais mon devoir.	
Voyez, voyez encor, et faites diligence. S'il est besoin d'aider, Amilcar peut servir.	Secondez mon impatience. Venez, venez, Ladi : Ah! je sens que mon cœur s'élance, Pour voler au-devant de lui.	J'ai tout préparé d'avance, Et mon devoir est rempli.	S'il est besoin d'aider, Moi prêt à vous servir. Ma Betzi, commandez; Amilcar obéir.
		A JULIETTE.	
Les gens de Blanfort vont ici Loger aussi. Songez-y, Betzi.	Secondez mon impatience; Eh! venez donc, venez, Ladi. SEULE. Ah! je sens que mon cœur s'élance, Pour voler au-devant de lui.	N'ayez aucun souci, Oui, oui, Ladi, N'ayez aucun souci.	Bon, bon, moi loger ici, Aussi avec Betzi.

Corali sort précipitamment, et Juliette la suit.

SCÈNE IX.

AMILCAR, BETZI.

AMILCAR, *retenant Betzi qui veut suivre Juliette et Corali.*

Attends, attends.

BETZI.

Pourquoi ?

AMILCAR.

Pour cause.
Te vouloir dire quelque chose.
(*A part.*)
Ses petits airs gracieux et fripons
Troubler mon cœur.

BETZI.

Eh bien, que me veux-tu ? réponds.

AMILCAR, *un peu embarrassé pour faire sa déclaration d'amour.*

C'est.... oui.... c'est au sujet de ta jeune maîtresse :
Tantôt elle avoir du chagrin ;
Et puis, à présent pas un brin.
Qui pouvoir causer sa tristesse,
Et son plaisir ? Blanfort ? Nelson ?

BETZI.

Je ne sais rien.

AMILCAR.

Rien?

BETZI.

Rien. Adieu.

AMILCAR.

Toi, bien discrète.

BETZI.

Sur nos maîtres point d'entretien.
S'ils ont quelques défauts (car chacun a le sien),
Ce n'est pas ce qui m'inquiette,
Et sur ce point je suis muette.

AMILCAR.

Muette? ah! toi faire très-bien;
Moi regarder comme des traîtres
Valets parler mal de leurs maîtres.

BETZI.

Tu parais un brave garçon.

AMILCAR.

Oui, franc, joyeux, et sans façon.
Toi paraître aussi brave fille,
Sage, honnête, d'humeur gentille.

BETZI.

Oui, sage, douce.

AMILCAR.

Et bien, si toi vouloir....

COMÉDIE.

BETZI.

Quoi?

AMILCAR.

Me regarder.

BETZI.

Qu'il est noir!

AMILCAR.

ARIETTE.

Oui, noir; mais pas si diable,
Sentir là je n'sais quoi :
Betzi, ma toute aimable,
Tourner la tête à moi.
Lorsque l'on s'aimer bien,
Couleur ni faire rien,
Va, ma petite reine,
Ne pas toi mettre en peine :
L'ivoire avec l'ébène
Font de jolis bijoux :
  Choux, choux,
  Choux, choux,
Faire moi, faire moi ton époux.

BETZI, *contrefaisant le nègre.*

Tant qu'on aime, sans doute,
Couleur ne faire rien ;
Quoiqu'Amour n'y voit goutte,
Il n'en va pas moins bien.
Moi ta reine, vraiment :
Mais sois toujours constant.
Toi bien savoir d'avance
Que Betzi veut constance,
Gaîté, soin, prévenance,
Sans quoi, point de bijoux :
  Choux, choux,
  Choux, choux,
Moi vouloir, moi vouloir point d'époux.

AMILCAR.

Mon maître avec tendresse,
Donner queq'chose à moi,
Corali, ta maîtresse,
Donner queq'chose à toi.
Avec cet avantage
Tenir gentil ménage.
Oui, ce queq'chose à toi,
Et ce queq'chose à moi,
Unis par mariage,
Nous faire un sort bien-doux.
  Choux, choux,
  Choux, choux,
Faire moi, faire moi ton époux.

BETZI.

Mais on dit que dans l'Inde on traite mal les dames ?

AMILCAR.

C'est faux, c'est faux, très-faux, nous regarder les femmes
Comme un présent du ciel, comme un trésor divin ;
Et nous tant les aimer, que nous en avoir vingt,
 Trente, quarante.

BETZI.

    Ah ! les infâmes !....
Dieu me garde d'aller dans ton vilain pays,
 Où vous êtes tous des maudits,
Sans foi, sans loi, sans goût, et sans cœur et sans ame.

AMILCAR.

Là, là.

BETZI.

 S'il me plaisait d'avoir plusieurs maris,
  Comme vous plusieurs femmes, dis,
Le trouverais-tu bon ?

AMILCAR.

Être une différence.
Partout l'homme avoir préférence :
En Perse, en Chine, en l'Inde, et jusqu'au Sénégal....

BETZI, *l'interrompant.*

Et va te promener avec ton Sénégal,
Animal ;
Apprends que tout doit être égal ;
Et pour nous tout au moins.

AMILCAR.

Là, là, point de colère.
Moi suivre en tout les lois de l'Angleterre,
Et la volonté de Betzi :
Çà, dire à moi ton caractère.

BETZI.

Mon caractère, le voici ;
Qui, je crois, ne te plaira guère :

ARIETTE DIALOGUÉE.

BETZI.

Je veux qu'on ne me gêne en rien.

AMILCAR.

Moi ne te pas gêner en rien.

BETZI.

Je suis impérieuse.

AMILCAR.

Fort bien.

BETZI.

Je suis capricieuse.

AMILCAR.

Fort bien.

BETZI.

Je suis tantôt rieuse,
Ou sérieuse pour un rien.

AMILCAR.

Fort bien, fort bien.

BETZI.

J'aime le jeu, la danse, la parure.

AMILCAR.

Bon, bon, bon, bon, tout ça dans la nature.
Un peu coquette ?

BETZI.

Et mais, par-ci, par-là.

AMILCAR.

Par-ci, par-là, bon, bon, c'est bagatelle.

BETZI.

Mais à l'honneur toujours fidèle.

AMILCAR.

Ah ! bon pour ça, fort bien comm' ça.
Peut-être aussi d'humeur jalouse ?

BETZI.

Jalouse, au point de t'arracher les yeux,
Si tu manquais à ton épouse.

AMILCAR.

Preuve d'amour, tant mieux, tant mieux.
Pour Amilcar, quelle bonne fortune !
Trouver en toi mille femmes pour une.
Mets ta main là.

COMÉDIE.

BETZI.

Laisse-moi-la.

AMILCAR.

Faisons la paix, viens çà, viens çà.
Être toujours ma souveraine;
Trouver en moi, petite reine,
  Une douzaine,
  Une vingtaine,
  Une trentaine
   De maris.

BETZI.

La paix peut se faire à ce prix.

AMILCAR.

Mets ta main là.

BETZI.

Tiens, la voilà.

AMILCAR.

ENSEMBLE.
{
Un p'tit baiser, ma mignonne, avec ça.
  BEZTI, *s'en allant.*
On te le gardera.
  AMILCAR, *la suivant.*
Amilcar le prendra.
}

FIN DU SECOND ACTE.

ACTE III.

La décoration est la même qu'au second Acte.

SCÈNE PREMIÈRE.

CORALI, seule.

ARIETTE.

Je vais jouir de sa présence ;
Mon cher Nelson est de retour.
Hélas ! la crainte et l'espérance
Viennent m'agiter tour à tour.
Mais si ton cœur que je réclame,
A l'amitié cède en ce jour :
Nelson, viens partager ma flamme ;
Nelson, reviens à moi,
Quand mon cœur est à toi.

Je vais revoir Nelson, oui, mon cœur me le dit.
Je reprendrais un nouvel être,
Si ses yeux me faisaient connaître
Que par l'amour il est conduit.

(On entend un bruit qui annonce l'arrivée de Blanfort.)

SCÈNE II.

CORALI, BLANFORT, NELSON, JULIETTE.

QUATUOR.

CORALI.	BLANFORT.	NELSON ET JULIETTE.
Que mon ame est contente! Je rends grâce à mon sort. Je revois ce que j'aime, Ah! quel bonheur extrême! Qui peut me l'attirer? Je n'osais l'espérer. J'étais dans les alarmes. Je répandais des larmes.	Que mon ame est contente! Rien ne manque à mon sort. Je revois ce que j'aime. Vous deviez l'espérer.	Tout remplit notre attente; Nous revoyons Blanfort. **JULIETTE.** Vous deviez l'espérer. **NELSON.** On vient sécher vos larmes.

TOUS LES QUATRE.

O moment plein de charmes!

CORALI.	BLANFORT.	JULIETTE ET NELSON.
Je rends grâce à mon sort. Je passe des regrets au bien suprême; Je revois ce que j'aime. Ah! je renais. *(A Nelson, à part.)* Cher Nelson, cher Nelson! Dis-lui, dis-lui que je t'aime. Que mon ame est contente! Je rends grâce à mon sort.	Rien ne manque à mon sort. Je revois ce que j'aime. Ah! je renais.	Nous revoyons Blanfort. *(A Corali, à part.)* Non, non, non. C'est vous manquer à vous-même. Tout remplit notre attente; Nous revoyons Blanfort.

TOUS.

Je rends grâce à mon sort.

BLANFORT.

J'ai rencontré Nelson s'en allant dans ses terres :
Il a, du plus loin qu'il m'a vu,
Oublié toutes ses affaires,
Sur-le-champ il est revenu.

NELSON.

Mon ami, j'ai senti que la plus importante
Était de te revoir, de t'embrasser cent fois.

BLANFORT.

Viens, Nelson, viens remplir mon ame impatiente;
Nos cœurs en ce moment rentrent dans tous leurs droits.

JULIETTE.

Votre retour était bien nécessaire.

BLANFORT.

La sœur veut bien, pour moi, penser comme le frère.

CORALI.

Oui, nous vous désirions tous trois également.
Lorsque je vous revois, je crois revoir un père ;
Loin de vous j'éprouvais un tendre sentiment,
Et désirais l'heureux moment
De vous ouvrir un cœur sincère.

BLANFORT.

Charmant aveu! (*A Nelson.*) Mais toi, tu me parais changé.
Eh! qui peut t'avoir affligé?
Une franche gaîté formait ton caractère.

COMEDIE.

NELSON, *tristement.*

Mes occupations....

BLANFORT.

Mon ami, je ne sais,
Mais j'ai cru vous trouver tout autre que vous êtes.
Vous me semblez tous trois embarrassés ;
Auriez-vous de chagrin quelques causes secrètes ?

JULIETTE.

Qui pourrait manquer à nos vœux ?

NELSON.

Il suffit que l'on te revoie.

BLANFORT.

Tenez, mes chers amis, vous n'êtes pas heureux ;
Mais ma présence ici va ramener la joie.
(*A Nelson.*) Ouvre-moi ton cœur, je le veux.

CORALI, *à Nelson.*

Si quelque chose vous afflige,
Blanfort est un ami bien sûr, bien généreux,
Dites-lui tout, puisqu'il l'exige.

NELSON.

Ma santé s'affaiblit, le travail me fait peur.
Londre avec son fracas me donne de l'humeur.
C'est la tranquillité que je cherche et que j'aime ;
Je veux pour quelque temps, sans quitter mon état,
Prendre un peu de repos et jouir de moi-même.
Plus libre à la campagne, on y vit sans éclat :
C'est là que tout entier à l'étude on se livre.

JULIETTE.

C'est exister alors pour ses amis, pour soi.

CORALI.

Eh bien, nous pourrons vous y suivre.

BLANFORT.

Partout où tu seras, c'est là que je veux vivre.
Mon ami, ne crois pas te séparer de moi.
Que de charmes sur nous l'amitié va répandre !
Mais tu devrais te marier aussi.
C'es un parti que je t'engage à prendre.
Nelson, quand on a du souci,
Une femme jolie est une enchanteresse,
Dont le regard serein sait fixer le plaisir ;
Et son sourire, qui caresse,
Nous présente un bonheur qu'il est doux de saisir.

JULIETTE.

Je connais bien mon frère, et c'est ainsi qu'il pense.

BLANFORT.

Comment, quelque beauté lui plaît ?
Corali, vous savez qui c'est,
Mettez-moi dans la confidence.

CORALI, *embarrassée, et contrainte par un regard de Nelson.*

Non, je dois garder le silence.

BLANFORT.

Sans la discrétion point de société,
  Et son secret doit être respecté ;
Je ne suis plus curieux de l'apprendre :
Rendre mon ami libre est ma première loi.
Et je veux que son cœur vienne au-devant de moi ;
Je me reprocherais de vouloir le surprendre.

NELSON.

Mon ami....

JULIETTE.

  Vous voyez quel est son embarras.

BLANFORT.

Sa réserve m'étonne et ne m'offense pas :
Mais Corali, pour moi, sans doute est sans mystère,
Vous l'avez disposée à recevoir ma main :
  De mon bonheur je suis certain.

CORALI.

Je ne vois point Timur.... mon frère....

BLANFORT.

  Votre frère
Depuis long-temps désire une union si chère :
Nous pouvons procéder toujours à son défaut.

CORALI.

Il vous cherche.

BLANFORT.

  Il viendra, nous nous verrons bientôt.
Je vais, dès ce moment, aller chez mon notaire.

JULIETTE.

Mais un valet pourrait....

BLANFORT.

J'arriverai plus tôt.
Il s'agit du bonheur ; il faut,
Il faut saisir tout ce qui l'accélère.

ARIETTE.

Qu'il est doux de passer sa vie
Entre l'amour et l'amitié !
De tout l'univers qu'on oublie,
Heureux qui peut être oublié.

Ami tendre et femme jolie,
Sans cesse feront mon bonheur ;
Et tous les biens que l'on envie,
Je les trouverai dans mon cœur.

SCÈNE III.

NELSON, JULIETTE, CORALI.

NELSON.

Si nous trompions cet homme, en vérité,
Nous serions bien impardonnables.

JULIETTE.

Hon ! souvent ce malheur arrive à ses semblables :
Il semble que ce soit une fatalité.

COMÉDIE.

CORALI.

C'est votre intention, à ce que j'imagine.

JULIETTE.

Qui? moi? vous me croyez ce projet inhumain?

CORALI.

Examinez-vous bien comme je m'examine;
Vous abusez Blanfort en lui donnant ma main.

JULIETTE.

Voudriez-vous manquer à la reconnaissance?

CORALI.

Non : mais mon ame est dans l'indépendance.
  Et qui vous a donné des droits
  Pour affliger, opprimer l'innocence,
La nature, l'amour, et me dicter mon choix?
  Il n'est donc pas permis qu'on aime,
  Si vous ne l'avez ordonné?
  Un cœur doit se donner lui-même;
Et c'est à toi, Nelson, que le mien s'est donné.

NELSON, *avec passion.*

Corali, connais-moi; je t'aime, je t'adore :
Mais en t'aimant, veux-tu que je m'abhorre?...
  Si pour Blanfort j'étais un étranger,
  Sans doute je serais excusable.
  (*D'un ton plus modéré.*)
Avec vous, dans ce cas, je pourrais m'engager,
Sans me rien reprocher, sans être méprisable :

Mais l'ami le plus cher....
(*Très-vivement.*)
Juste Ciel! j'en frémis.
Quoi! d'un dépôt sacré la sainteté trahie!....
Ce serait une perfidie,
Un attentat affreux. Si je l'avais commis....
Qui! moi! je traînerais la honte et l'infamie?
Quoi! le remords me poursuivrait!
Pourrais-je supporter le fardeau de la vie?
Ah! mon cœur se déchirerait.

JULIETTE.

Voyez le désespoir où vous plongez mon frère.

CORALI.

Est-ce ma faute à moi, s'il m'a su plaire?

NELSON.

C'est la mienne; et le Ciel s'apprête à m'en punir.
Puis-je endurer les maux où mon ame s'abîme!
Bientôt avec mes jours mes tourmens vont finir.

CORALI.

Que dis-tu? (*A part.*) Ciel!... ô ciel! il serait ma victime!
(*A Nelson.*)
Eh bien!.... sois satisfait. Blanfort aura ma foi.

NELSON.

M'en fais-tu le serment?

CORALI, *en sanglotant.*

Oui, je renonce à toi.

COMÉDIE.
JULIETTE.
Nos vœux sont donc remplis.
NELSON.
Ah! tu me rends la vie.
CORALI, *continuant de sangloter.*
C'est à toi.... c'est pour toi.... que je me sacrifie.
NELSON.
Blanfort te chérira, comme je te chéris ;
De ton cœur vertueux il sentira le prix.
CORALI.
Mais toi, Nelson, toi, la vérité même,
Toi qui me l'enseignais comme une loi suprême :
Dois-je à Blanfort cacher ce feu,
Qui, pour toi, dans mon cœur ne peut jamais s'éteindre?
Voudrais-tu m'enseigner à feindre ?
NELSON.
En domptant son penchant, on n'en doit point l'aveu ;
Cachons la vérité qui serait une offense,
Et qui, sans aucun fruit, troublerait le repos :
Lorsque la vérité peut causer quelques maux,
Son asile est dans le silence.
JULIETTE, *embrassant Corali.*
Ma chère Corali, faites un noble effort ;
En sacrifiant votre flamme,
Nelson et moi, vous et Blanfort,
Tous quatre nous n'aurons qu'une ame :
C'est par ce doux et mutuel accord.

TRIO.

Remplis nos cœurs, douce amitié:
Tu consoles l'hiver de l'âge;
Tu sais ennoblir la pitié;
Tu viens au secours du courage.
Si l'on éprouve des malheurs,
Le regard d'un ami soulage;
Les plaisirs ont plus de douceurs,
Lorsqu'un tendre ami les partage.
Inspire et reçois notre hommage,
Douce amitié, remplis nos cœurs.

SCÈNE IV.

BLANFORT, NELSON, CORALI, JULIETTE, LE NOTAIRE.

BLANFORT.

Le contrat est passé tout à votre avantage,
Corali, j'en suis enchanté.
Jouissez de mes biens en pleine liberté.
Vous me donnez bien davantage:
Je vous dois ma félicité.

CORALI.

Vos dispositions blessent l'intégrité :
Vos parens n'ont-ils pas droit à votre héritage ?

BLANFORT.

Si mon bien ne m'eût rien coûté,
Ce fonds pour eux serait une ressource :
Je commettrais une infidélité,
En le détournant de sa source.
Ma fortune est le fruit de vingt ans de travaux :
J'ai gagné quelque bien ; mais c'est en honnête homme ;
Et c'est pour mes amis que j'en suis économe.
A qui le laisserais-je ? A des collatéraux
De qui l'avidité sur cet espoir se fonde ?
Qui, soigneux de s'anéantir
Dans une inaction profonde,
Ne savent que je suis au monde,
Que pour épier l'heure où je dois en sortir.
(*Au Notaire.*)
Allons, Monsieur, faites lecture
De cet acte où mon cœur se montre à découvert.

(*Le Notaire va s'asseoir devant une table.*)

CORALI, à part.

Voici le moment qui nous perd.

NELSON, à part.

L'amitié me soutient dans cette conjoncture.

BLANFORT.

Lisez, Monsieur, passez les qualités :
Cet amas boursoufflé de vaines dignités,
Pour tout Anglais qui pense est un vrai verbiage.

L'AMITIÉ A L'ÉPREUVE,

LE NOTAIRE.

Hon, hon, hon, hon, les clauses sont ici.

(*Il lit.*)

« Et Blanfort reconnaît avoir de Corali
  « Reçu, lors de son mariage,
  « Une terre près de Dublin,
« Valant de revenu mille livres sterling. »

CORALI.

Si l'on m'appelle en témoignage,
Je dirai que l'article est une fausseté.

LE NOTAIRE.

C'est une fausseté d'usage.

(*Il continue de lire.*)

« Et si ledit Blanfort meurt sans postérité,
  « La moitié de ses biens sera pour son épouse :
    « L'autre moitié de droit appartiendra
    « A l'homme heureux qui la consolera. »

JULIETTE.

C'est n'avoir pas l'humeur jalouse.

(*Blanfort présente la main à Corali, et la fait asseoir à côté du Notaire.*)

SCÈNE V.

LES PRÉCÉDENS, ET TIMUR, *qui paraît dans le fond du Théâtre, sans être aperçu des autres acteurs.*

BLANFORT, à Corali.

O vous! dont la jeunesse embellit la vertu,
Signez cet acte respectable.
Pour lui donner la forme irrévocable
Dont il doit être revêtu.

CORALI, à part.

Hélas! mon frère m'abandonne.
(*Le Notaire présente une plume à Corali pour signer le contrat.*)
Donnez, je vais signer.
(*A part.*)
Mon serment me l'ordonne.

BLANFORT.

Ma chère Corali, votre cœur est ému.

CORALI.

Donnez....

BLANFORT.

Elle pâlit.

TIMUR, *à Corali.*

Arrête.... (*A Blanfort.*) Elle te trompe.
Je ne dois pas souffrir que son cœur se corrompe ;
Que ce cœur, aussi pur que les rayons du jour,
Par un devoir forcé trahisse ton amour.
Ton amour et le sien.

BLANFORT.

Dieux ! que viens-je d'entendre ?

TIMUR.

Elle aime !

BLANFORT.

Qui ?

TIMUR.

Nelson.

BLANFORT.

Aurais-je dû m'attendre ?....
Quelle surprise, et quel revers !....

NELSON.

Je frémis.

CORALI, *prête à s'évanouir.*

Je me meurs.

BLANFORT.

Grand Dieu ! qu'allais-je faire ?

JULIETTE, *appellant Betzi pour secourir Corali.*

Betzi ? Betzi ?

COMÉDIE.

___

SCÈNE VI, et dernière.

LES PRÉCÉDENS, BETZI, *suivie* d'AMILCAR.

BLANFORT, à *Nelson*.

Ton embarras m'éclaire,
Nelson.

NELSON.

Ah! Blanfort, je te perds.

BLANFORT, à *Timur*.

Nelson, en qui j'ai mis toute ma confiance,
Aurait-il pu ?....

TIMUR.

Respecte ton ami ;
Corali, sans l'aimer, n'a pu vivre chez lui :
Tout autre que Nelson.... il s'est fait violence.
Il respectait un cœur qui n'étoit dû qu'à toi ;
En le condamnant au silence,
D'un sacrifice affreux, il lui faisait la loi.

(*Après ces vers, il court à sa sœur.*)
Ma chère sœur....

L'AMITIÉ A L'ÉPREUVE,

NELSON, à *Blanfort.*

Je dois te paraître coupable.
Sans le vouloir, j'ai causé ton malheur.
J'ai préparé celui de cette fille aimable ;
Mais j'atteste la foi, ton amitié, l'honneur....

BLANFORT.

Laisse-là tes sermens, Nelson, ils nous outragent ;
C'est la ressource des ingrats,
Et non de deux amis dont les maux se partagent.
Te serrerais-je dans mes bras,
Si j'osais soupçonner ta franchise et ton zéle.

NELSON.

Ah ! mon ami !

BLANFORT, *à part.*

Combien il en coûte à mon cœur !
J'éprouve une douleur mortelle.

(*En se tournant vers Corali.*)

Corali ? Corali ?

CORALI, *revenue à elle par degrés.*

Quelle voix me rappelle ?

(*Pendant l'annonce de l'ariette qui suit, Juliette présente Corali à Blanfort.*)

COMÉDIE.

CORALI, à *Blanfort.*

ARIETTE.

Votre courroux est légitime,
Soyez le maître de mon sort;
Ah! si l'amour a fait mon crime,
Je l'expierai par le remord.

Par vos soins, votre bienfaisance,
C'est à vous que je dois le jour;
Je sens que la reconnaissance
A des droits plus forts que l'amour.

BLANFORT.

FINALE.

Apprenez, Corali, comme Blanfort se venge,
Vous épousez Nelson.

CORALI.

Qu'entends-je ?

NELSON, et TIMUR.

Oui, Corali.

JULIETTE, à *Corali.*

Tombez à ses genoux.

BLANFORT, *relevant Corali.*

Ah! cher enfant, que faites-vous ?
(à *Timur.*) Son bonheur doit te satisfaire;
Timur, c'est remplir tes souhaits.

L'AMITIÉ A L'ÉPREUVE,

TIMUR et NELSON.

Tu mets le comble à tes bienfaits;
Et dans Nelson, } j'embrasse un frère.
Et dans Timur,

ENSEMBLE, *excepté Betzi et Amilcar.*

Ne faisons plus qu'une même famille.

BLANFORT.

Ma Corali, je t'adopte pour fille.

TIMUR, JULIETTE, NELSON, CORALI.

O Blanfort! que de bienfaits!

BLANFORT.

Cher Amilcar, pour toi que puis-je faire?

AMILCAR.

Donner Betzi pour femme à moi.

BETZI.

Il a sauvé vos jours, il est digne de moi.

BLANFORT.

Elle y consent : elle est à toi.

AMILCAR.	BETZI.
Ma Betzi, toi donc à moi?	Amilcar, je suis à toi.
Tà, là, là, là, là ; moi tout à toi.	Reçois ma main, mon cœur, ma foi.
Betzi, m'amour, mon p'tit cœur,	De toi j'attends mon bonheur.
Toujours toi faire mon bonheur.	J'attends de toi tout mon bonheur.

COMÉDIE.

BLANFORT ET NELSON.

Si nous avons fait leur bonheur,
Nous en partageons la douceur.

BETZI.
M'aimeras-tu toujours ?
AMILCAR.
Oui,
Toujours m'aimer aussi ?
BETZI.
Oui.
AMILCAR.
Oui, Betzi, oui, mes amours,
Toujours, toujours.
Moi, t'aimer toujours, toujours.
BETZI.
Et moi, t'aimer aussi toujours.
(*On reprend le Duo.*)
AMILCAR.
Ma Betzi.
BETZI.
Mon ami,
Tu seras.
AMILCAR.
Bon mari.
BETZI.
Le mari
Le plus chéri.
AMILCAR.
Tà, là, là, là, re, ri.

TIMUR ET JULIETTE.

Si nous avons fait leur bonheur,
Nous en partageons la douceur.

TOUS.

Si vous avez fait leur bonheur,
Vous en partagez la douceur.

NELSON ET BLANFORT.

Si nous avons fait leur bonheur,
Nous en partageons la douceur.

CHŒUR GÉNÉRAL.

Que l'amitié nous rassemble
Passons les jours les plus doux;
Passons tous nos jours ensemble,
Le vrai bonheur sera pour nous.

F I N.

LA BELLE ARSÈNE,

COMÉDIE-FÉERIE

EN QUATRE ACTES ET EN VERS,

MÊLÉE D'ARIETTES.

Représentée devant Leurs Majestés, par les Comédiens Italiens ordinaires du Roi, à Fontainebleau, le 6 novembre 1773.

Serviet æternum qui parvo nesciet uti.
Hor.

Rien n'est plus périlleux,
Que de quitter le bien pour être mieux.
Volt.

ACTEURS.

ARSÈNE.
ALCINDOR, chevalier français, amant d'Arsène.
LA FÉE ALINE.
ARTUR, écuyer d'Alcindor.
EUGÉNIE.
MIRIS.
LE CHARBONNIER.
DAMES ET CHEVALIERS.
NYMPHES DE LA SUITE D'EUGÉNIE.
QUATRE GARÇONS CHARBONNIERS.

La Scène est à Paris, pendant les deux premiers Actes, et l'action se passe sous le règne de Henri II et de Catherine de Médicis.

LA
BELLE ARSÈNE,

COMÉDIE-FÉERIE

EN QUATRE ACTES ET EN VERS,

MÊLÉE D'ARIETTES.

LA BELLE ARSÈNE,

COMÉDIE-FÉERIE

EN QUATRE ACTES ET EN VERS,

MÊLÉE D'ARIETTES.

Représentée devant Leurs Majestés, par les Comédiens Italiens ordinaires du Roi, à Fontainebleau, le 6 novembre 1773.

Serviet æternum qui parvo nesciet uti.
Hor.

Rien n'est plus périlleux,
Que de quitter le bien pour être mieux.
Volt.

A MONSEIGNEUR

LE MARÉCHAL,

DUC DE RICHELIEU,

Pair de France, premier Gentilhomme de la Chambre du Roi, etc.

Monseigneur,

C'est par vos ordres que j'ai entrepris cet Ouvrage; vous m'avez éclairé par vos conseils. S'il a quelque succès, je vous le dois; daignez en accepter l'hommage.

Je suis avec le plus profond respect,

MONSEIGNEUR,

Votre très-humble et très-obéissant serviteur,

FAVART.

AVERTISSEMENT.

Un Conte charmant, intitulé *La Bégueule*, échappé de la plume immortelle de M. de Voltaire, a fourni le sujet de cette Comédie, commandée pour les spectacles de la Cour, représentée en trois actes à Fontainebleau, et depuis remise en quatre actes.

Les vers marqués dans la pièce par des guillemets, sont tirés ou imités du Conte. On a été obligé d'en changer, ou plutôt d'en défigurer quelques-uns, pour s'assujétir à la convenance théâtrale.

On remet sous les yeux du Lecteur ce Conte agréable, qui établit le caractère d'Arsène, et sert à développer le but moral de la Pièce.

LA BÉGUEULE.

Dans ses écrits un sage Italien
Dit que *le mieux est l'ennemi du bien.*
Non qu'on ne puisse augmenter en prudence,
En bonté d'ame, en talens, en science.
Cherchons *le mieux* sur ces chapitres-là;
Partout ailleurs évitons la chimère.
Dans son état, heureux qui peut se plaire,
Vivre à sa place, et garder ce qu'il a!
   La belle Arsène en est la preuve claire.
Elle était jeune; elle avait dans Paris
Un tendre époux empressé de complaire
A son caprice, et souffrant ses mépris.
L'oncle, la sœur, la tante, le beau-père
Ne brillaient pas parmi les beaux esprits;
Mais ils étaient d'un fort bon caractère.
Dans le logis, des amis fréquentaient;
Beaucoup d'aisance, une assez bonne chère.
Les passe-temps que nos gens connaissaient,
Jeu, bal, spectacle, et soupers agréables,
Rendaient ses jours à peu près tolérables.
Car vous savez que le bonheur parfait
Est inconnu : pour l'homme il n'est point fait.

Madame Arsène était fort peu contente
De ses plaisirs. Son superbe dégoût,
Dans ses dédains, fuyait ou blâmait tout;
On l'appelait *la belle Impertinente.*

Or, admirez la faiblesse des gens!
Plus elle était distraite, indifférente,
Plus ils tâchaient, par des soins complaisans,
D'apprivoiser son humeur méprisante :
Et plus aussi notre belle abusait
De tous les pas que vers elle on faisait.
Pour ses amans encor plus intraitable;
Aise de plaire, et ne pouvant aimer,
Son cœur glacé se laissait consumer
Dans le chagrin de ne voir rien d'aimable.
D'elle à la fin chacun se retira.
De courtisans elle avait une liste :
Tout prit parti, seule elle demeura
Avec l'Orgueil, compagnon dur et triste :
Bouffi, mais sec, ennemi des débats,
Il renfle l'ame, et ne la nourrit pas.

La dégoûtée avait eu pour marraine
La *Fée* Aline. On sait que ces esprits
Sont mitoyens entre l'espèce humaine
Et la divine; et monsieur Gabalis
Mit par écrit leur histoire certaine.

La *Fée* allait quelquefois au logis
De sa filleule, et lui disait : « Arsène,

« Es-tu contente à la fleur de tes ans ?
« As-tu des goûts et des amusemens ?
« Tu dois mener une assez douce vie. »
L'autre, en deux mots, répondait : *je m'ennuie.*
« C'est un grand mal (dit la Fée), et je croi
« Qu'un beau secret, c'est d'être heureux chez soi. »
 Arsène, enfin, conjura son Aline
De la tirer de son maudit pays.
« Je veux aller à la sphère divine ;
« Faites-moi voir votre beau paradis.
« Je ne saurais supporter ma famille,
« Ni mes amis. J'aime assez ce qui brille,
« Le beau, le rare, et je ne puis jamais
« Me trouver bien que dans votre palais.
« C'est un goût vif dont je me sens coiffée.
« — Très-volontiers, dit l'indulgente Fée. »
 Tout aussitôt, dans un char lumineux,
Vers l'Orient la belle est transportée.
Le char volait ; et notre degoûtée,
Pour être en l'air, se croyait dans les cieux.
Elle descend au séjour magnifique
De la marraine. Un immense portique
D'or ciselé dans un goût tout nouveau
Lui parut riche et passablement beau ;
Mais ce n'est rien, quand on voit le château.
Pour les jardins, c'est un miracle unique :
Marly, *Versaille*, et leurs petits jets d'eau,

N'ont rien, auprès, qui surprenne et qui pique.
La dédaigneuse, à cette œuvre angélique,
Sentit un peu de satisfaction.
Aline dit : « Voilà votre maison ;
« Je vous y laisse un pouvoir despotique ;
« Commandez-y : toute ma nation
« Obéira sans aucune réplique.
« J'ai quatre mots à dire en Amérique ;
« Il faut que j'aille y faire quelques tours.
« Je reviendrai vers vous dans peu de jours.
« J'espère au moins, dans ma douce retraite,
« Vous retrouver l'ame un peu satisfaite. »
Aline part. La Belle en liberté
Reste, et s'arrange au palais enchanté,
Commande en Reine, ou plutôt en déesse.
De cent beautés une foule s'empresse
A prévenir ses moindres volontés.
A-t-elle faim ? Cent plats sont apportés.
De vrai nectar la cave était fournie,
Et tous les mets sont de pure ambroisie.
Les vases sont du plus fin diamant.
Le repas fait, on la mène à l'instant
Dans les jardins, sur les bords des fontaines,
Sur les gazons respirer les haleines
Et les parfums des fleurs et des zéphirs.
Vingt chars brillans de rubis, de saphirs,
Pour la porter, se présentent d'eux-mêmes ;

Comme autrefois les trépieds de Vulcain
Allaient au Ciel, par un ressort divin,
Offrir leur siége aux majestés suprêmes.
De mille oiseaux les doux gazouillemens,
L'eau qui s'enfuit sur l'argent des rigoles,
Ont accordé leurs murmures charmans.
Des perroquets répétaient ses paroles,
Et les échos les disaient après eux.
Telle Psyché, par le plus beau des Dieux,
A ses parens avec art enlevée,
Au seul Amour dignement réservée,
Dans un palais des mortels ignoré,
Aux élémens commandait à son gré.
Madame Arsène est encor mieux servie;
Plus d'agrémens environnaient sa vie,
Plus de beautés décoraient son séjour :
Elle avait tout; mais il manquait l'Amour.
On lui donna le soir une musique
Dont les accords et les accens nouveaux
Feraient pâmer soixante cardinaux ;
Ces sons vainqueurs allaient au fond des ames.
Mais elle vit, non sans émotion,
Que, pour chanter, on n'avait que des femmes.
« Dans ce palais, point de barbe au menton !
« A quoi, dit-elle, a pensé ma marraine ?
« Point d'homme ici ! Suis-je dans un couvent ?
« Je trouve bon que l'on me serve en reine ;

« Mais sans sujets la grandeur est du vent.
« J'aime à régner (sur les hommes s'entend.)
« Ils sont tous nés pour ramper dans ma chaîne ;
« C'est leur destin, c'est leur premier devoir :
« Je les méprise, et je veux en avoir. »
Ainsi parlait la Récluse intraitable ;
Et cependant les nymphes, sur le soir,
Avec respect ayant servi sa table,
On l'endormit au son des instrumens.
Le lendemain mêmes enchantemens.
Mêmes festins, pareille sérénade,
Et le plaisir fut un peu moins piquant.
Le lendemain lui parut un peu fade.
Le lendemain fut triste et fatigant.
Le lendemain lui fut insupportable.

Je me souviens du temps trop peu durable,
Où je chantais dans mon heureux printemps,
Des lendemains plus doux et plus plaisans.

La Belle enfin, chaque jour festoyée,
Fut tellement de sa gloire ennuyée,
Que, détestant cet excès de bonheur,
Le paradis lui faisait mal au cœur.
Se trouvant seule, elle avise une brèche
A certain mur ; et, semblable à la flèche
Qu'on voit partir de la corde d'un arc,
Madame saute, et vous franchit le parc.
Au même instant, palais, jardins, fontaines,

Or, diamans, émeraudes, rubis,
Tout disparaît à ses yeux ébaubis.
Elle ne voit que les stériles plaines
D'un grand désert, et des rochers affreux.
La Dame alors, s'arrachant les cheveux,
Demande à Dieu pardon de ses sottises.
La nuit venait, et déjà ses mains grises,
Sur la nature, étendaient ses rideaux.
Les cris perçans des funèbres oiseaux,
Les hurlemens des ours et des panthères,
Font retentir les antres solitaires.
Quelle autre Fée, hélas ! prendra le soin
De secourir ma folle aventurière ?

    Dans sa détresse, elle aperçut de loin,
A la faveur d'un reste de lumière,
Au coin d'un bois, un vilain Charbonnier,
Qui s'en allait par un petit sentier,
Tout en sifflant, retrouver sa chaumière.
« Qui que tu sois (lui dit la Beauté fière),
« Vois en pitié le malheur qui me suit ;
« Car je ne sais où coucher cette nuit. »
Quand on a peur, tout orgueil s'humanise.
Le noir pataud, la voyant si bien mise,
Lui répondit : « Quel étrange démon
« Vous fait aller, dans cet état de crise,
« Pendant la nuit, à pied, sans compagnon ?
« Je suis encor très-loin de ma maison.

« Çà, donnez-moi votre bras, ma mignonne;
« On recevra sa petite personne
« Comme on pourra. J'ai du lard et des œufs.
« Toute Française, à ce que j'imagine,
« Sait, bien ou mal, faire un peu de cuisine.
« Je n'ai qu'un lit, c'est assez pour nous deux. »
Disant ces mots, le rustre vigoureux,
D'un gros baiser sur sa bouche ébahie,
Ferme l'accès à toute répartie;
Et par avance il veut être payé
Du nouveau gîte à la Belle octroyé.
« Hélas! hélas! (dit la Dame affligée,)
« Il faudra donc qu'ici je sois mangée
« D'un charbonnier, ou de la dent des loups. »
Le désespoir, la honte, le courroux,
L'ont suffoquée; elle est évanouie.
Notre galant la rendait à la vie.
La Fée arrive, et peut-être un peu tard.
Présente à tout, elle était à l'écart.
« Vous voyez bien, dit-elle à sa filleule,
« Que vous étiez une franche *Bégueule.*
« Ma chère enfant, *rien n'est plus périlleux,*
« *Que de quitter le bien pour être mieux.* »
    La leçon faite, on reconduit ma Belle
Dans son logis. Tout y changea pour elle
En peu de temps, parce qu'elle changea.
Pour son profit elle se corrigea.

Sans avoir lu les beaux *moyens de plaire*
Du sieur Moncrif, et sans livre, elle plut.
Que fallait-il à son cœur? *Qu'il voulût.*
Elle fut douce, attentive, polie,
Vive et prudente ; et prit même en secret,
Pour charbonnier, un jeune amant discret,
Et fut alors une femme accomplie.

FIN.

ACTEURS.

ARSÈNE.
ALCINDOR, chevalier français, amant d'Arsène.
LA FÉE ALINE.
ARTUR, écuyer d'Alcindor.
EUGÉNIE.
MIRIS.
LE CHARBONNIER.
DAMES ET CHEVALIERS.
NYMPHES DE LA SUITE D'EUGÉNIE.
QUATRE GARÇONS CHARBONNIERS.

La Scène est à Paris, pendant les deux premiers actes, et l'action se passe sous le règne de Henri II et de Catherine de Médicis.

LA BELLE ARSÈNE,

COMÉDIE-FÉERIE.

ACTE PREMIER.

Le Théâtre représente un salon richement décoré.

SCÈNE PREMIÈRE.

ALCINDOR.

ARIETTE.

Ah! quel tourment!
Pour un amant tendre et fidèle,
D'aimer une beauté cruelle,
Et sans l'espoir d'être heureux en l'aimant!....
J'ai vu de près la mort, et d'une ame intrépide
J'aurais bravé les enfers et les cieux;
Mais j'aime, j'aime, et devant deux beaux yeux
Je suis tremblant, je suis timide.
Ce sont mes rois, ce sont mes dieux,
Et de mon sort leur puissance décide.
Mais quel tourment, etc.

SCENE II.

ALCINDOR, ARTUR.

ARTUR.

C'est mon cher maître ! on vous croyait perdu ;
A tous nos vœux vous voilà donc rendu.
Votre départ était un grand mystère,
Même pour moi ; j'en ai le cœur serré.

ALCINDOR.

Lorsqu'un secret doit rester ignoré,
Il faut avoir grand soin de te le taire.

ARTUR.

Mais vous saviez qu'on donnait un tournois ;
Vous eussiez fait briller votre vaillance.
N'avez-vous plus l'ardeur qui, tant de fois,
Vous fit nommer un des preux de la France ?

ALCINDOR, *souriant.*

Et, selon toi, j'ai fait une imprudence ?

ARTUR.

Assurément : on vous a prévenu.
Un chevalier étranger, inconnu,

Visière basse, a paru dans l'arène ;
Et son cartel, noblement présenté,
Annonce à tous que nulle autre beauté
N'est comparable à la beauté d'Arsène.

ALCINDOR.

Il a bien fait, et j'en suis enchanté.

ARTUR.

ARIETTE.

Au bruit des tambours, des tymbales,
Des trompettes et des cymbales,
Ce preux et galant chevalier
Se fait ouvrir fièrement la barrière ;
Le nom d'Arsène était sur sa bannière,
Sur son écu, sur son cimier.
Avec assurance,
Il s'avance ;
Il pique un superbe coursier,
Qui, comme un trait, part et s'élance.
Rien ne fait résistance
A ce brave guerrier.
Autant de fois qu'il fournit sa carrière,
Autant de chevaliers roulent sur la poussière.
Fanfare, à l'instant mille cris
Célèbrent sa valeur et la beauté d'Arsène :
On le mène en triomphe à notre auguste reine ; *
De ses mains il reçoit le prix.

ALCINDOR.

Et penses-tu qu'Arsène soit flattée ?

---

* Catherine de Médicis présidait aux tournois.

ARTUR.

Je n'en crois rien ; car tout lui semble dû.
Sur son orgueil elle est si haut montée,
Que ce qu'on fait pour lui plaire est perdu.

ALCINDOR.

Soupçonne-t-on quel est cet inconnu ?

ARTUR.

Jusqu'à présent tout le monde l'ignore.
C'est quelque fou, qui sans doute l'adore ;
Mais je ne sais s'il sera bien venu.

ALCINDOR.

Je le connais, et j'ai sa confiance :
Il aime Arsène avec....

ARTUR, *l'interrompant.*

Extravagance.
Car ce n'est pas marquer un esprit sain,
Que de servir une belle orgueilleuse,
Qui, sans sujet, sourit avec dédain,
Et dont l'humeur fière et capricieuse.....

ALCINDOR.

Qu'oses-tu dire ?

ARTUR.

Eh ! mais, la vérité.
Je conviendrai qu'Arsène est la plus belle.

COMÉDIE-FÉERIE.

ALCINDOR, *avec chaleur.*

Ah! quand on est aussi parfaite qu'elle,
On peut avoir cette noble fierté,
Qui, d'un grand cœur, marque la dignité,
Qui nous impose, et qui force notre ame
A ce respect qu'on doit à la beauté.

ARTUR.

Votre respect nourrit sa vanité,
Et tant d'égards nuisent à votre flamme.
Redevenez galant comme autrefois,
Et reprenez ce brillant caractère,
Ce ton léger, toujours certain de plaire,
Et qui rangeait tous les cœurs sous vos lois.

ALCINDOR, *d'un ton imposant.*
Tais-toi.

ARTUR.

Seigneur....

ALCINDOR, *lui donnant un bracelet de diamans.*

Je te remets ce gage.
Tu vas conduire ici nos chevaliers :
La belle Arsène en recevra l'hommage.
On doit toujours présenter les lauriers
A qui nous sait inspirer le courage.

ARTUR.

Je m'en doutais ; c'est vous, c'est vous, Seigneur,
Qui du tournois avez eu tout l'honneur.

ALCINDOR.

Garde-toi bien de me faire connaître.

ARTUR.

De mon transport, pourrai-je être le maître ?

ALCINDOR.

Observe-toi. Crains, si tu me trahis....

ARTUR.

Ah! si j'osais....

ALCINDOR.

Tu m'entends.... obéis.

SCÈNE III.

ALCINDOR, seul.

Si mon secret était connu d'Arsène,
Je paraîtrais en exiger le prix;
Et si son cœur n'approuve pas ma chaîne,
Je gémirai sans être moins épris.

SCÈNE IV.

ALINE, ALCINDOR.

ALINE.

Comptez sur moi, reconnaissez Aline.

ALCINDOR.

Puissante Fée, un amour malheureux....

ALINE.

Éclaircissez l'humeur qui vous domine,
Brave Alcindor; je protège vos feux.

ALCINDOR.

Puis-je espérer un secours généreux?

ALINE.

Il est un jour, un seul jour dans l'année,
Où, par les lois de notre destinée,
Notre pouvoir demeure suspendu.
Sans vous, ma vie eût été terminée :
Je m'en souviens.

ALCINDOR.

J'ai fait ce que j'ai dû.

ALINE.

Et moi je veux adoucir votre peine.
Non, non, jamais un bienfait n'est perdu.

ALCINDOR.

Changez, changez pour moi le cœur d'Arsène.
ALINE.

Tout mon pouvoir ne peut rien sur un cœur;
Mais, par dégrés, il faut que je l'amène
Jusques au point de sentir son erreur.
Je ne veux pas contraindre ma filleule ;
Je l'aime trop.
ALCINDOR, *vivement.*

Ne cherchez que son bien,
Et tout entier sacrifiez le mien,
Ma vie encor.
ALINE.

Mon Arsène est bégueule ;
C'est un travers qui vient de vanité.
Pour la changer, l'Amour est le seul maître.
Indifférente, une jeune beauté
N'est pas parfaite, et croit cependant l'être :
L'encens lui semble un tribut mérité ;
Mais quand l'Amour vient à se faire entendre,
Lorsqu'un amant a l'art de l'émouvoir,
La défiance alors vient la surprendre,
De ses défauts la fait apercevoir.
La modestie annonce une ame tendre :
Avec ardeur elle tâche d'avoir
Ce qu'elle croit qui lui manque pour plaire,
Et dès qu'on veut refondre un caractère,
C'est à l'Amour qu'appartient ce pouvoir.

COMÉDIE-FÉERIE.

ALCINDOR.

De ce portrait, Arsène est le contraire.

ALINE.

ARIETTE.

Il ne faut pas vous alarmer :
Un temps vient qu'on est moins sévère.
Lorsque l'on cherche à tout charmer,
On est bien près de s'enflammer ;
Et toujours le désir de plaire
Annonce le besoin d'aimer.
C'est en vain que la plus rebelle
Contre l'amour voudrait s'armer :
Penchant d'amour naît avec elle,
Penchant qu'on ne peut réprimer.
Par ses efforts elle décèle
Le feu qu'elle croit renfermer :
Il ne faut qu'une étincelle
    Pour l'enflammer ;
  Et l'amour, d'un coup d'aile,
    Sait l'animer.
Il ne faut pas, etc.
  Veut-on de sa maîtresse
  Soumettre la fierté,
  Il faut avec adresse
  Piquer sa vanité.

ALCINDOR.

Je dois plutôt vaincre sa résistance,
Par mes soupirs, mon respect, ma constance.

ALINE.

Hon ! le respect est bon, mais modéré.
Je vois de loin, en qualité de Fée,
Un siècle heureux, où l'esprit éclairé
Érigera nos faveurs en trophée ;

Et la beauté, plus facile en son choix,
N'attendra pas le hasard d'un tournois.

ALCINDOR.

Il faut au moins mériter une belle.

ALINE.

Croyez-vous donc cette loi bien formelle?

ALCINDOR.

Oui.

ALINE.

C'est selon.

ALCINDOR.

Comment?

ALINE.

Il se pourrait
Qu'une beauté trop long-temps attendrait :
On perd ainsi le beau temps de la vie.
Mon cher enfant, je vous le dis bien bas,
La patience est une duperie.

ALCINDOR.

Tout chevalier hardi dans les combats,
Devient timide, et tremble auprès des dames.

ALINE.

Cet abus-là ne subsistera pas.
Quand on est Fée, on connaît bien les femmes.
Arsène ici va se rendre bientôt;
Le trop d'égard est souvent un défaut.

Promettez-moi de vous laisser conduire,
Ou je serai la première à vous nuire.
Oui. Jurez-moi de suivre exactement
Tous mes conseils.

ALCINDOR.

Je vous en fais serment.

ALINE.

Pour triompher de ce cœur si sévère,
Après avoir employé la fadeur,
Qui, selon moi, ne réussira guère,
Usez alors d'un moyen tout contraire :
De cet effort dépend votre bonheur.

ALCINDOR.

Que je m'expose à toute sa colère !

ALINE.

Sans vous troubler bravez son fier accueil,
Et lestement rabaissez son orgueil,
En la traitant d'une façon légère.
Sachez de moi, chevalier si fameux,
Que quelquefois, poliment téméraire,
Un amant doit être un peu hasardeux :
L'art de l'amour tient de l'art de la guerre.

SCÈNE V.

ALCINDOR, *seul.*

Moi feindre! moi! j'userais de détour,
Lorsque mon cœur est plus pur que le jour!
Quoi! je pourrais offenser ce que j'aime!
Je l'aperçois..... Ah! mon trouble est extrême!

SCÈNE VI.

ALCINDOR, *dans un coin du théâtre;* ARSÈNE, *entrant par la porte du fond, suivie de ses pages et de ses femmes.*

ARSÈNE, *à ses pages, d'un ton de dignité.*

Délivrez-moi de ces petits Seigneurs,
Froids courtisans, fades complimenteurs :
Dites à tous que je ne vois personne.

(*La suite d'Arsène se retire.*)

(*A part.*)

Pour quinze jours j'en aurais des vapeurs.
Mais Alcindor ne vient pas : il m'étonne.

SCÈNE VII.

ALCINDOR, ARSÈNE.

ARSÈNE, *apercevant Alcindor.*

Ah! ah! Monsieur, vous voilà de retour!....

ALCINDOR.

Du même trait ayant l'ame percée....
Vous seule étant l'objet de ma pensée....

ARSÈNE.

Ah! quel ennui! parler encor d'amour!
De vingt amans je me vois obsédée.
Tout entrepris, l'un m'aborde en tremblant:
Son pauvre esprit, sans avoir une idée,
Reste en chemin et s'éteint en parlant,
Après m'avoir bêtement regardée.
Plus sot encore, un autre lestement
S'imagine être une bonne fortune,
Et se croit sûr de m'en procurer une,
En voulant trop brusquer le sentiment.
D'un ton pédant un troisième s'exprime;
Et, beau parleur, il croit être sublime,

Et me séduire, en disant platement
Que son amour est fondé sur l'estime :
Que ne l'est-il sur mon amusement !
Enfin, de tous je me vois la victime,
Et leur ennui m'assiége à tout moment.
J'en découvre un encor pour mon tourment.

ALCINDOR.

Aucuns portraits ne sont égaux aux vôtres ;
C'est m'ordonner de vous fuir.

ARSÈNE.

      Franchement,
Vous me plaisez un peu plus que les autres :
J'ai le bonheur de vous voir rarement.

ALCINDOR.

Je suis touché de ce doux compliment.
 (*A part.*)
Voilà le prix de l'amour le plus tendre !
 (*A Arsène.*)
Selon Madame, un mortel est trop vain,
Quand il aspire au don de votre main.

ARSÈNE.

Et de quel droit ose-t-il y prétendre ?

ARIETTE.

Non, non, j'ai trop de fierté
Pour me soumettre à l'esclavage :
Dans les liens du mariage
Mon cœur ne peut être arrêté.

Non, non, j'ai trop de fierté
Pour me soumettre à l'esclavage.
A des égards l'hymen engage,
Je chéris ma liberté,
Je prétends en faire usage :
Ma règle est ma volonté.
On perd son autorité,
Dès l'instant qu'on la partage.

Non, non, etc.

ALCINDOR.

Je vois qu'il faut renoncer à vous plaire.

ARSÈNE.

Pour réussir, qu'avez-vous osé faire ?
N'avez-vous pas abandonné ces lieux,
Lorsqu'au tournois vous auriez dû paraître ?

ALCINDOR.

Par vos mépris vous m'avez fait connaître
Que mon aspect vous était odieux.

ARSÈNE.

Odieux ! non ; mais, quoi qu'il en puisse être,
Pourquoi venir encor vous présenter ?

ALCINDOR.

Je viens ici pour vous féliciter....

ARSÈNE.

De quoi, Monsieur ?

ALCINDOR.

On dit que de la joûte
Un inconnu vient d'obtenir le prix.
Il vous le doit : vous l'inspiriez, sans doute.
De ses succès je ne suis pas surpris.
A-t-il trouvé le moyen de vous plaire ?

ARSÈNE, *à part.*

Il est jaloux, et je veux le piquer.
(*Haut.*)
Eh bien, Seigneur, puisqu'il faut m'expliquer,
Il me plaît fort.

ALCINDOR, *à part, et avec joie.*

Dieux ! pourrait-il se faire ?

(*On entend un prélude de marche.*)

ARSÈNE.

Quel bruit entends-je, et qu'est-ce que je vois ?

ALCINDOR.

En devez-vous concevoir des alarmes ?
C'est, à coup sûr, l'inconnu du tournois,
Qui vient ici rendre hommage à vos charmes.

SCÈNE VIII.

LES ACTEURS PRÉCÉDENS, ARTUR, Chevaliers et Dames.

(*On apporte des faisceaux de lances brisées, des écus et des casques rompus, témoignages de la victoire remportée par l'inconnu du tournois.*)

ARTUR, *avec le chœur.*

De la part du vainqueur, nous venons en ces lieux
Déposer à vos pieds le prix de son courage.
    Sans oser paraître à vos yeux,
Son respect, son amour, vous présentent ce gage :
      S'il a votre suffrage,
      Son sort est glorieux.

(*En présentant à Arsène un bracelet de diamans.*

  Je parle au nom d'un chevalier fidèle :
  Ce prix flatteur, que par vous il obtient,
  Est un tribut qu'il offre à la plus belle.
  D'un noble feu vous enflammiez son zèle,
  Et plus qu'à lui ce don vous appartient.

ARSÈNE.

Je lui rends grâce; il a tout l'avantage :
Ce noble prix n'est dû qu'à sa valeur.
Si j'acceptais un si brillant hommage,
On se croirait quelques droits sur mon cœur.
Que ce présent soit remis à son maître;
Et dites-lui qu'il soit bien convaincu
Que mon désir n'est pas de le connaître.
Ce chevalier, s'il eût été vaincu,
M'exposait donc à partager sa honte?
Il est vainqueur; mais s'il a prétendu
Un autre prix, c'est en vain qu'il y compte.

ARTUR.

Oh! pour le coup, me voilà confondu!
(*A Alcindor, voulant lui rendre le bracelet.*)
Eh bien, Seigneur, présentez donc vous-même.....

ALCINDOR, *le repoussant.*

Tu m'as trahi!

ARSÈNE.

Ma surprise est extrême!
Comment! c'est vous, Seigneur!

ALCINDOR, *à part.*

Je suis perdu!
(*Haut.*)
J'aurais voulu vous en faire un mystère;
Mais..... malgré moi, le secret éclaté....
Ce que j'ai fait, un autre eût pu le faire :
Je ne dois pas en tirer vanité.

COMÉDIE-FÉERIE.

ARIETTE.

La beauté fait toujours voler à la victoire,
Jusques aux cieux son triomphe est porté ;
Et sans l'espoir de plaire à la beauté,
On ne connaîtrait pas tout le prix de la gloire.

(*Le chœur répète les mêmes paroles.*)

ALCINDOR.

Sexe charmant, sexe enchanteur,
Vous inspirez la fierté du courage ;
Les talens et les arts, tout devient votre ouvrage :
Vous disposez de notre cœur.
C'est vous qui, d'un souffle de flamme,
C'est vous qui nous créez une ame.
A la Nature on doit le jour ;
C'est à vous que l'on doit l'Amour.

(*Avec le chœur.*)

La beauté fait toujours voler à la victoire, etc.

ARSÈNE, *à part.*

Je vois qu'il veut me forcer à l'aimer.

(*Haut.*)

Je suis sensible, autant que je puis l'être,
Aux sentimens que vous faites paraître.
Plus que jamais je sais vous estimer ;
Mais ayez soin de supprimer vos fêtes :
On me croirait au rang de vos conquêtes.
Vous-même aussi vous pourriez présumer....
Retenez bien ce que je vais vous dire :
Jamais l'amour n'aura sur moi d'empire ;
Et, pour ne pas connaître son pouvoir,
Je ne dois plus m'exposer à vous voir.

(*Elle sort.*)

SCÈNE IX.

ALCINDOR.

Quel sort fatal, quel charme insurmontable,
Me fait aimer cet esprit intraitable ?
Si j'en croyais.... Modérons ce transport;
Suivons ses pas, et décidons mon sort.

(*Alcindor suit Arsène; les Chevaliers et les Dames se retirent par un côté opposé.*)

FIN DU PREMIER ACTE.

ACTE II.

Le Théâtre représente le même Salon.

SCÈNE PREMIÈRE.

ALCINDOR.

ARIETTE.

Le désespoir m'entraîne,
Il déchire mon cœur.
Amour, dont la rigueur
Appésantit ma chaîne,
Es-tu dieu du bonheur ?
Non, non, tu n'es qu'un dieu de rage et de fureur.
Malheureux Alcindor,
Ton espérance est vaine ;
Que puis-je faire encor,
Pour soulager ta peine.
J'adore une inhumaine :
Je n'attends que la mort
Pour terminer mon sort,
Je n'attends que la mort.

Le désespoir m'entraîne, etc.

SCÈNE II.

ARSÈNE, ALCINDOR.

ARSÈNE.

Eh quoi! Monsieur, vous n'êtes pas parti?

ALCINDOR, *à part.*

Oui, je suivrai la volonté d'Aline.
Cruel effort! mais je m'y détermine.

ARSÈNE.

Que dites-vous?

ALCINDOR, *avec une froideur affectée.*

Que j'ai pris mon parti.
J'ai réfléchi sur votre caractère :
Assurément vous avez l'art de plaire.......

ARSÈNE.

Ah! vous allez de nouveau m'excéder!

ALCINDOR.

C'est mon dessein.

ARSÈNE.

Comment?

COMÉDIE-FÉERIE.

ALCINDOR.

Eh! oui, sans doute.

(*A part.*)

Je vous afflige. Ah! combien il m'en coûte !

(*Haut.*) *

Tout ce que j'ose à présent demander....
Ce que j'attends de votre bienfaisance.....
C'est d'augmenter, s'il se peut, ma souffrance....
De redoubler vos mépris, vos froideurs....
Oui, j'ai besoin de toutes vos rigueurs,
Pour me guérir de mon extravagance.

ARSÈNE.

Vous me tenez un langage nouveau ;
Mais, Chevalier, vous êtes en démence ?

ALCINDOR.

Oui, je vous aime encor.

ARSÈNE.

Quelle apparence !

ALCINDOR.

J'aurais sans doute aimé jusqu'au tombeau,
Si j'avais eu du moins quelqu'espérance :
Heureusement j'ai reçu mon congé,
Et de vos fers avant peu dégagé....

---

* Dans toute la suite de cette Scène, le dépit et l'amour percent à travers la contrainte d'Alcindor.

ARSÈNE.

Vous n'aurez pas, je crois, beaucoup de peine.

ALCINDOR, *vivement*.

Non : grâce, enfin, à votre humeur hautaine,
D'un fol amour je serai corrigé.

ARSÈNE.

Vous me manquez de respect.

ALCINDOR.

Ah ! Madame !
J'aurai toujours dans le fond de mon ame
Tout le respect, les égards mérités....
J'aurai pour vous l'estime la plus grande....
Mais, plus d'amour ; vous me le permettez.....

ARSÈNE, *fièrement*.

Je le permets, et de plus le commande :
Sur ce point-là mon cœur s'est expliqué.

(*Négligemment.*)

Si je voulais, malgré votre air piqué,
Et cet éclat qu'indécemment vous faites,
D'un seul regard, avec un mot plus doux,
Je vous ferais tomber à mes genoux ;
Mais c'est un art que je laisse aux coquettes.

ALCINDOR.

Mais on pourrait soupçonner que vous l'êtes.

ARSÈNE, *avec surprise*.

Qui ? moi ?

ALCINDOR.

Vous-même, et dans le fond du cœur
Vous n'avez pas cet excès de froideur....
Non, la nature uniforme et constante
Ne produit point de femme indifférente :
Elle n'est point sujette à cette erreur.
De mille amans vous êtes entourée ;
En paraissant insensible à leurs vœux,
Vous jouissez de vous voir adorée,
De leur encens vous êtes enivrée;
Et vous voulez, en resserrant leurs nœuds,
Par vanité faire des malheureux.

ARSÈNE, *avec émotion.*

M'avez-vous vu encourager leurs flammes,
Les honorer d'un favorable accueil ?

ALCINDOR, *dédaigneusement.*

Si vous aimez à tourmenter leurs ames,
C'est que l'amour cède encor à l'orgueil.
Sans vous fâcher, si j'osais vous prédire....

ARSÈNE, *avec une colère concentrée.*

Soit ; j'aime à voir jusqu'où va le délire.

ALCINDOR.

Vous n'aimez pas; vous aimerez un jour :
C'est une loi, rien n'échappe à l'amour.

Un jeune cœur qui ne sent point sa flamme,
Est une fleur qu'on prive du soleil.
L'indifférence est le sommeil de l'ame ;
C'est de l'amour que dépend le réveil.

ARSÈNE, *se retenant à peine.*

Vous pensez juste ; et j'avoue, à ma honte,
Que ce cœur fier est capable d'aimer.
J'ai toujours craint cet amour qui nous dompte.
J'appréhendais de vous trop estimer.
J'aurais fini par vous aimer, peut-être ;
Mais, contre vous, vous venez de m'armer.
Pour mon bonheur je gagne à vous connaître ;
Et, si je dois un jour donner ma foi,
J'attends un cœur qui soit digne de moi.

ALCINDOR.

Fort bien : je sens que le mien se soulage.

(*A part.*)

Je sens plutôt le remords dévorant....
Aline.... Aline a reçu mon serment....

(*A Arsène, tranquillement.*)

La beauté seule est un frêle avantage :
Tout son éclat s'efface promptement.

(*Avec sentiment.*)

L'aménité, la douceur, l'enjouement,
Ont le pouvoir de fixer à tout âge ;
Et l'amitié, ce tendre sentiment,
Cet intérêt qu'on inspire et partage,

Peut donner même un charme à la laideur.

(*Vivement.....*)

Ah ! la beauté réelle est dans le cœur ;
Et si jamais un autre objet m'engage,
Je veux qu'il soit digne de mon hommage.

(*Ces derniers mots doivent se dire à demi-voix, et avec ménagement.*)

ARSÈNE, *éclatant.*

Ah ! c'en est trop!...... ôtez-vous de mes yeux....
Et pour jamais.... Après un tel outrage....

ALCINDOR, *avec une chaleur qui témoigne toute sa passion.*

Oui , sans regret, j'abandonne ces lieux ;
Et mon repos..... cruelle !..... est votre ouvrage.

ARSÈNE.

Sortez..... sortez.

ALCINDOR.

Oui, je sors. (*A part.*) Ah ! grands dieux !

(*Alcindor , en sortant , rencontre Aline , qui le console et l'encourage par un jeu muet , pendant le monologue d'Arsène.*)

SCÈNE III.

ARSÈNE, *émue*.

Enfin il part.... Dois-je en être affligée ?
Se pourrait-il ? Que son ame est changée !
J'ai remarqué des mouvemens confus :
Dépit, contrainte et vœux irrésolus.
S'il m'aime encor, je vais être vengée.
Pour le punir de m'avoir outragée....
Pour le punir, il ne me verra plus.

SCÈNE IV.

ARSÈNE, ALINE.

ALINE.

Ma chère enfant, ton intérêt m'amène :
Je te chéris....

ARSÈNE*.

Ah ! ma chère marraine,
Je vous revois !

---

* Dans le cours de cette Scène, Arsène a toujours le cœur oppressé, et s'efforce en vain de cacher son émotion.

COMÉDIE-FÉERIE.

ALINE.

On vante ta beauté ;
Mais on se plaint de ta sévérité.
J'entends partout s'écrier : Qu'elle est belle !
En même temps on dit : Qu'elle est cruelle !
Si la sagesse est un premier devoir,
Ma belle enfant, toutes tant que nous sommes,
Nous avons tort d'éloigner trop les hommes :
Sans eux, Arsène, aurions-nous du pouvoir ?
Les hommes seuls nous élèvent des temples :
Eh ! pourquoi donc les mettre au désespoir ?
Je ne t'ai pas donné de tels exemples.

ARSÈNE.

A parler vrai, cette foule d'amans
Fait un obstacle au bonheur de ma vie.

ALINE.

Tu me surprends : cela tient compagnie,
Et fait par fois passer de doux momens.

ARSÈNE.

Non pas à moi.

ALINE.

Mais, véritablement,
Tu parais triste.....

ARSÈNE.

Il est vrai, je m'ennuie.

ALINE.

Partout l'amour est un amusement.
Que te sert-il d'être jeune et jolie?
« Lasse de plaire, et ne pouvant aimer,
« Ton cœur glacé se laisse consumer
« Dans le chagrin de ne voir rien d'aimable. »

ARSÈNE, *avec dépit.*

Les hommes sont des monstres à mes yeux.
Un Alcindor.... Ah! qu'il m'est odieux!

ALINE.

Qu'a-t-il donc fait pour être si coupable?

ARSÈNE.

Désirez-vous faire en effet mon bien?

ALINE.

Je le désire, et te le jure.

ARSÈNE.

Eh bien!....

ALINE.

Ouvre ton cœur, espère tout d'Aline.

ARSÈNE.

Enlevez-moi de ce triste séjour;
Je veux aller à la sphère divine.
Faites-moi voir votre superbe cour,

Asile heureux des Grâces réunies,
Où les désirs sont toujours satisfaits,
Où la Beauté, plus brillante en attraits,
Voit à ses pieds les Sylphes, les Génies,
Toujours domine, et ne passe jamais.

ALINE, *à part.*

Nous y voilà.

ARSÈNE.

C'est ma seule espérance.

ALINE, *à part.*

Elle voudrait partager ma puissance :
C'est son orgueil de dominer sur tout.

ARSÈNE.

Je ne veux point qu'un amant me captive :
Je reste libre, et primer est mon goût.
Permettez-moi....

ALINE, *à part.*

C'est me pousser à bout.

(*Haut.*)

Tu le veux donc ; si malheur t'en arrive,
Je te dirai : c'est toi qui l'as voulu.
Songes-y bien.

ARSÈNE.

C'est un point résolu.

ALINE.

De mes États deviens donc Souveraine ;
Mais réfléchis : songe, en faisant ce choix,
Que je te sers pour la dernière fois.
Tu ne sais pas où ce désir te mène :
Prépare-toi, va faire tes adieux ;
Dans un instant je reviens en ces lieux.

SCÈNE V.

ARSÈNE, *seule*.

ARIETTE.

Est-il un sort plus glorieux ?
Sous mes pieds je verrai la terre,
Je marcherai sur le tonnerre,
Et je régnerai dans les cieux.
   Je triomphe, je suis Reine ;
Je m'élève au-delà des airs,
   Je commande en Souveraine,
Et je plane sur l'univers.
Est-il un sort plus glorieux ?
Sous mes pieds je verrai la terre,
Je marcherai sur le tonnerre ;
Et je régnerai dans les cieux.

FIN DU SECOND ACTE.

ACTE III.

Le Théâtre représente des jardins enchantés. On remarque sur le côté, à gauche des acteurs, un antre fermé par des portes de fer.

SCÈNE PREMIÈRE.

ARSÈNE, *seule*.

ARIETTE.

L'ART surpasse ici la nature.
Brillant palais, séjour digne des dieux,
Gazons naissans, jardins délicieux,
Où Flore étale sa parure ;
Bocages frais, ornemens de ces lieux,
Ruisseaux qui caressez avec un doux murmure
Le tendre émail de la verdure,
Sans affecter mon cœur, vous enchantez mes yeux.
Je ne vous vois qu'avec indifférence ;
J'éprouve une triste langueur :
Je cherche l'ombre et le silence,
Et le néant est dans mon cœur.

Ici j'exerce mon empire ;
Tout m'obéit, et je soupire !
Ai-je encore à former des vœux ?
J'attendais un sort plus heureux.
L'art surpasse ici la nature, etc.

(*A la fin de cette ariette, Eugénie entre et observe Arsène.*)

SCÈNE II.

ARSÈNE, EUGÉNIE.

ARSÈNE.

Que mon départ doit affliger son ame !
Ah ! qu'Alcindor est bien puni !

EUGÉNIE.

Madame....

ARSÈNE.

Je l'abandonne à ses tristes regrets.

EUGÉNIE.

Vous soupirez !

ARSÈNE.

Qu'à présent je le hais!....

EUGÉNIE.

Madame ici cherche la solitude,
Et se dérobe à notre empressement.

ARSÈNE.

Oui, laissez-moi respirer un moment.

EUGÉNIE.

Vous m'alarmez par votre inquiétude ;
Vous voyez tout d'un œil indifférent.

COMÉDIE-FÉERIE.

ARSÈNE.

Eh non. J'ai vu ces immenses portiques,
Ces eaux, ces parcs, ces jardins magnifiques,
Les raretés de ce brillant château ;
Et j'ai trouvé tout passablement beau :
Mais voir enfin toujours la même chose,
Toujours, toujours.

EUGÉNIE.

        Que Madame propose,
Et nous pourrons varier ses plaisirs.

ARSÈNE, *négligemment.*

Oui, variez.

EUGÉNIE.

        Quels seraient vos désirs ?

ARSÈNE.

Je n'en sais rien.

EUGÉNIE.

        En quoi peut-on vous plaire ?

ARSÈNE, *à part.*

A-t-on jamais été si téméraire ?

EUGÉNIE.

Incessamment notre zèle, nos soins.....
Et notre ardeur, Madame.....

ARSÈNE, *avec humeur.*

        Ayez-en moins.

LA BELLE ARSÈNE,

EUGÉNIE.

Notre respect....

ARSÈNE, *d'un ton d'impatience.*

Votre respect m'ennuie.

EUGÉNIE.

Que voulez-vous ?

ARSÈNE, *avec humeur.*

Je veux être obéie.

EUGÉNIE.

Commandez-nous, dans l'instant on vous sert.

ARSÈNE, *à part.*

N'y pensons plus, écartons son image :
C'est sur lui seul que retombe l'outrage.
(*Haut.*)
Je veux un bal.... non, je veux un concert.

SCÈNE III.

ARSÈNE, EUGÉNIE, NYMPHES *qui viennent exécuter un concert de voix et d'instrumens.*

CHŒUR DE NYMPHES.

Exaltons
Et chantons
Notre auguste Souveraine :
Ses attraits enchanteurs
Sont une chaîne pour les cœurs.

COMÉDIE-FÉERIE.

Exprimons par nos accords
L'ardeur que l'on sent pour elle,
Exprimons par nos accords
Notre zèle
Et nos transports.
Exaltons, etc.

Tout lui cède la victoire ;
Nos cœurs sont ses sujets :
La servir est notre gloire,
Méritons ses bienfaits.
De ce jour, à jamais,
Qu'on chérisse la mémoire.
Exaltons, etc.

ARSÈNE, *en interrompant le concert.*

C'en est assez : éloignez-vous, Mesdames.

SCÈNE IV.

ARSÈNE, EUGÉNIE.

ARSÈNE.

« Quoi ! pour chanter vous n'avez que des femmes !
« Point d'homme ici ? Quelle affreuse langueur !
« Je trouve bon que l'on me traite en Reine ;
« Mais sans sujets à quoi sert la grandeur !
« Si la beauté peut rendre souveraine,
« Les hommes seuls connaissent son pouvoir.
« Ils sont tous nés pour ramper sous sa chaîne :
« C'est leur destin, c'est leur premier devoir.
« On les dédaigne, et l'on désire en voir. »

EUGÉNIE.

De cette Cour leur espèce est bannie.

ARSÈNE.

Mais n'est-il point de Sylphe, de Génie ?
Que de ma part......

EUGÉNIE.

Cet ordre ne peut rien.
Ces Êtres purs, trop contens dans leur sphère,
Ont en mépris les beautés de la terre.

ARSÈNE.

Tant pis pour eux. Je crois qu'on les vaut bien :
Autant vaudrait régner sur des statues.
J'en remarque une au milieu du jardin ;
Elle paraît fouler avec dédain
Des cœurs, un arc et des flèches rompues :
Son air est fier.

EUGÉNIE.

Elle va s'exprimer,
Et d'un regard vous pouvez l'animer.

ARSÈNE, *à la Statue.*

Voyez le jour, vivez, s'il est possible.

EUGÉNIE.

Vous commandez, et le marbre est sensible.

(*La Statue se transforme en une jeune fille d'environ quinze ans, et s'anime par degrés.*)

SCÈNE V.

ARSÈNE, EUGÉNIE, MYRIS.

MYRIS.

RÉCITATIF.

Quel éclat a frappé mes yeux !.....
Est-ce moi ? J'agis et je pense....
Je revois la clarté des cieux.
Par qelle divine puissance
Ai-je repris ma première existence ?

ARIETTE.

Je sens sous ma main
Palpiter mon sein ;
Je renais, je retrouve une ame :
Je sens mon cœur : il s'élance, il s'enflamme.
C'est pour aimer que je reviens au jour.
Mon cœur s'agite, il s'élance, il s'enflamme ;
Je retrouve une ame et l'Amour.
L'Amour, l'Amour !
O dieux ! est-il possible
Que ce cœur inflexible
Devienne sensible,
Et soupire après lui !
Oui, oui.
Je sens sous ma main
Palpiter mon sein, etc.

ARSÈNE.

L'Amour !

EUGÉNIE.

Quel mot est sorti de sa bouche !

ARSÈNE.

A peine encore est-elle en son printemps.

MYRIS.

Je parais jeune, et j'ai plus de cent ans.

ARSÈNE.

Cent ans ?

MYRIS.

Jadis mon cœur était farouche,
Et j'ai perdu de précieux instans.
Je me souviens que dans mon jeune temps,
Certaine fée, à qui je fus trop chère,
Me fit un don : c'était le don de plaire.
Grâces, talens, beauté, l'art de charmer,
Ce fut mon lot ; mais il fallait aimer.

ARSÈNE.

Et votre cœur fut sensible.

MYRIS.

Au contraire :
N'aimant que moi, détestant les amans,
Je me plaisais à faire leurs tourmens ;
Pour m'en punir je fus changée en pierre.

ARSÈNE.

Vous me jetez dans un étonnement....

COMÉDIE-FÉERIE.

MYRIS.

On mit un terme à mon enchantement.
Il était dit qu'une beauté plus fière
Rendrait un jour mes yeux à la lumière ;
Et je vous dois ce bienheureux moment.
Vous me voyez sous ma forme première,
Je me retrouve à l'âge de quinze ans ;
Je recommence aujourd'hui ma carrière,
Et je promets d'employer bien mon temps :
Adieu, Madame, adieu ; je vous rends grâce.
Un doux espoir vient renaître en mon cœur ;
Je cours, je vole où m'attend le bonheur.

(*Lui montrant le piédestal qu'elle a quitté.*)

Et vous pouvez figurer à ma place.

(*Elle sort.*)

EUGÉNIE, à *Arsène*.

Vous paraissez troublée ?

ARSÈNE, *à part*.

Un juste effroi....

EUGÉNIE.

Daignez, Madame....

ARSÈNE, *impatientée*.

Encore. Ah ! laissez-moi.

SCÈNE VI.

ARSÈNE, *seule*.

ARIETTE.

Eh quoi! l'amour est-il un bien suprême ?
Pour être heureux, il faut donc que l'on aime ?
Amour, Amour, subirai-je tes lois ?
   Mais qui peut mériter mon choix ?
   J'entends dans les bois, dans les plaines,
Les doux accens des oiseaux amoureux :
Ils chantent leurs plaisirs, et je n'ai que des peines :
   Ils sont heureux, ils sont heureux.
Eh quoi! l'amour est-il un bien suprême ? etc.

SCÈNE VII.

ARSÈNE, ALINE.

ALINE.

Arsène, enfin, te voilà satisfaite.

ARSÈNE, *tristement.*

Oh! oui, beaucoup.

ALINE.

Tout, dans cette retraite,
Respecte et suit tes ordres souverains.
(*Avec sévérité.*)
Tu règnes.

ARSÈNE.

Oui. (*A part.*) Dévorons mes chagrins.

ALINE.

Mais, qu'as-tu donc? Tu soupires encore?

ARSÈNE.

C'est de pitié pour ce pauvre Alcindor.
Je dois le plaindre, il perd ce qu'il adore;
Il perd en moi son unique trésor:
Par ses discours, quoiqu'il m'ait offensée,
Ce chevalier occupe ma pensée.

Dans le dépit on reconnaît l'amour.
Il contraignait, par un effort extrême,
L'affreux tourment de m'aimer sans retour ;
Car il ne peut se flatter que je l'aime :
Je ne saurais que gémir sur son sort,
Et je serai la cause de sa mort.

ALINE.

Rassure-toi : je le rends à lui-même.
Il trouvera, par un pouvoir suprême,
L'oubli des maux que tu lui fais souffrir,
Et parviendra peut-être à te haïr.

ARSÈNE, *avec émotion.*

Lui, me haïr ! Alcindor !

ALINE.

     Que t'importe ?

ARSÈNE.

Tous ses sermens.... Il pourrait les trahir !....
Non, non, jamais....

ALINE.

    Son intérêt l'emporte.

ARSÈNE.

Je le connais.... Il n'est aucun pouvoir....
N'espérez pas....

ALINE.

    Vois-tu cet antre noir ?

Là, sous le poids d'une triste existence,
Là, s'engourdit la sombre indifférence.
Monstre formé par les glaces du nord.
De l'univers elle eût détruit l'accord;
Elle eût éteint cette flamme si pure
Qui donne l'ame à toute la nature :
Un Dieu vengeur, pour le bien des mortels,
La condamnant aux ennuis éternels,
La renferma dans cette grotte obscure.

Quand un amant, victime de l'amour,
Peut s'introduire en ce fatal séjour,
Il trouve alors un remède à ses peines,
Un froid subit circule dans ses veines.
Son ardeur cesse, et dans son cœur glacé,
Tout sentiment d'amour est effacé.
Ton chevalier, dont je plains la souffrance,
En va bientôt faire l'expérience.
Par mon pouvoir je l'attire en ces lieux.

ARSÈNE, *troublée.*

Ciel! vous allez m'exposer à sa vue?

ALINE.

Non. Je te rends invisible à ses yeux.

(*Elle touche Arsène de sa baguette.*)
Il vient.

ARSÈNE.

Il vient. Que je me sens émue.

SCÈNE VIII.

ARSÈNE, ALINE, ALCINDOR.

ALCINDOR.

ARIETTE.

Doux espoir de la liberté!
Viens calmer mon cœur agité.
Non, je n'invoque point la haine,
Je ne veux que briser ma chaîne.

TRIO.
Doux espoir de la liberté!
Viens calmer mon cœur agité.

ARSÈNE.

Il réclame sa liberté.
Ah! que mon cœur est agité!

ALINE.

Reprenez votre liberté.
Reprenez votre liberté.

ALCINDOR.

Quand j'offensais ce que j'adore...

ARSÈNE.

Ce qu'il adore!

ALCINDOR.

Sous une apparente froideur,
Ma flamme s'augmentait encore.

ARSÈNE.

Il m'aime encore!

COMÉDIE-FÉERIE.

ALCINDOR.

DUO.
> Le remords déchirait mon cœur.
> Si l'ingrate pouvait m'entendre !
> Non. Qu'elle ignore mes douleurs.
>
> ARSÈNE.
>
> Je tâche en vain de me défendre,
> La pitié m'arrache des pleurs.

ALCINDOR.

Qu'Arsène soit heureuse.

ARSÈNE.

Heureuse !

ALCINDOR.

C'est mon premier désir.

ARSÈNE.

C'est son premier désir !

ALCINDOR.

Que ma douleur affreuse.....

ARSÈNE.

Affreuse !

ALCINDOR.

Ne puisse l'attendrir.

ARSÈNE.

Ne puisse m'attendrir !

ALCINDOR.

Son ame généreuse
Aurait trop à souffrir.
Qu'Arsène soit heureuse....

ARSÈNE.

Heureuse !

LA BELLE ARSÈNE,

ALCINDOR.

En perdant mon souvenir,
Qu'Arsène soit heureuse,
En perdant mon souvenir,
Qu'Arsène soit heureuse.

ARSÈNE.

Heureuse!
Eh! comment la devenir?

TRIO.

ALCINDOR.

Doux espoir de la liberté!
Viens calmer mon cœur agité.

ARSÈNE.

Il réclame sa liberté!
Ah! que mon cœur est agité!

ALINE.

Reprenez votre liberté;
Reprenez votre liberté.

INVOCATION.

Déesse de l'indifférence,
O toi! dont la froideur éteint le sentiment,
Viens au secours d'un malheureux amant.
Alcindor, par ma voix, implore ta puissance.

(*Les portes de la caverne s'ouvrent.*)

Elle m'entend. Ses antres sont ouverts.
Venez....

ALCINDOR, *se retournant.*

Je cours m'affranchir de mes fers.

ARSÈNE.

Arrêtez.

ALCINDOR.

Quelle voix!

SCÈNE IX.

ALINE, ARSÈNE, ALCINDOR, L'ORACLE, L'INDIFFÉRENCE ; *ce personnage ne paraît point, on n'entend qu'une voix.*

L'INDIFFÉRENCE.

Arrête, téméraire ;
Tu profanerais mon séjour.
Le destin me défend d'éteindre ton amour ;
Mais, sur ton sort, il veut que je t'éclaire.
Écoute-moi :
Une jeune beauté, moins fière et plus sensible,
Te prépare un bonheur paisible,
Et son cœur, que l'Amour n'a formé que pour toi,
En recevant tes vœux, va t'engager sa foi.

(*Les portes se referment.*)

(*Arsène paraît confondue ; Alcindor, presque immobile, regarde Arsène, et soupire.*)

ARSÈNE, *à part.*

Mon sort m'accable.

ALINE, *l'observant, à part.*

Elle reste étonnée :
Une autre épreuve, et plus terrible encor,

Fera bientôt regretter Alcindor.

(*Haut, et entraînant Alcindor.*)

Obéissez à votre destinée.

SCÈNE X.

ARSÈNE, *seule.*

Qu'ai-je voulu ? suis-je plus fortunée ?
Cruelle Aline ! Ah ! reprends tes bienfaits.
De ta faveur voilà donc les effets !
Non, non, jamais elle ne m'a chérie.
Dans tous mes goûts, elle me contrarie,
Et sa rigueur, qui me poursuit encor,
Veut m'enlever jusqu'au cœur d'Alcindor.
Qu'il m'aime ou non, qu'importe à cette Fée ?
De mes tourmens, se fait-elle un trophée ?
Il m'abandonne, il suivra d'autres lois.
De quels transports ai-je l'ame saisie !
O Dieux ! mon cœur, pour la première fois,
Éprouve donc l'affreuse jalousie....
Et sans aimer !.... où s'égarent mes vœux ?
Me voilà seule, et loin de tous les yeux
Abandonnons ce séjour odieux.

FIN DU TROISIÈME ACTE.

ACTE IV.

Le Théâtre représente un désert affreux, entrecoupé de rochers, d'où se précipitent des torrens; dans le fond est une épaisse forêt, avec une cabane de Charbonnier.

SCÈNE PREMIÈRE.

ARSÈNE, seule.

ARIETTE.

Où suis-je ? Quelle nuit profonde !
Malheureuse ! où porter mes pas ?
L'orage, le tonnerre gronde....
Quel bruit ! Quels terribles éclats !
Aline, Aline ; hélas ! pardonne....
Au feu redoublé des éclairs,
Je ne vois que d'affreux déserts ;
Des torrens.... La mort m'environne.

(*Le tonnerre tombe sur un arbre qu'il brise. Arsène pousse un cri perçant, se jette à genoux, se couvre le visage d'une main, et étend l'autre vers le ciel.*)

Ah !

(*Après un long silence, pendant lequel l'orage cesse, et le temps s'éclaircit insensiblement.*)

Je me meurs! Aline m'abandonne;
Je vais.... finir mes tristes jours.

(*Elle aperçoit un ours qui traverse le théâtre pour regagner la forêt.*)

Un monstre! Au secours! Au secours!
Au secours! la mort m'environne!
Au secours! Au secours! Au secours!

SCÈNE II.

ARSÈNE, UN CHARBONNIER.

LE CHARBONNIER, *chantant et sifflant au loin sans être vu.*

Eh! nargue du chagrin;
Nous aurons du bon vin.

ARSÈNE.

J'entends.... Je vois venir....

(*Les paroles qu'elle dit ensuite sont chantées, et se joignent à la chanson du charbonnier; ce qui forme une espèce de duo.*)

A l'aide! sauvez-moi.

LE CHARBONNIER *descend d'une colline, un bâton d'une main, une lanterne de l'autre.*

Eh! nargue du chagrin;
Nous aurons du bon vin.

COMÉDIE-FÉERIE.

ARSÈNE.

Prêtez l'oreille à ma voix gémissante.

LE CHARBONNIER.

L'orage, le tonnerre
Font mûrir le raisin.

ARSÈNE.

Venez dissiper mon effroi.

LE CHARBONNIER.

Nous aurons du bon vin ;
Nous boirons à plein verre.
Eh ! nargue du chagrin ;
Nous aurons du bon vin.

ARSÈNE.

Je suis foible.... je suis mourante.

LE CHARBONNIER.

Heu ! qui va là ? Qu'est-ce que j'aperçois ?
C'est une femme !

ARSÈNE.

Hélas ! qui que tu sois,
Par charité, viens adoucir ma peine ;
Vois, en pitié, le malheur qui me suit :
Je suis tremblante, égarée, incertaine,
Et je ne sais où passer cette nuit.

LE CHARBONNIER, *l'examinant.*

Où la passer ? Parbleu ! dans mon réduit.
(*A part.*)
Elle est drolette, et faite de manière....

(*Haut.*)

Rassurez-vous. (*A part.*) J'aurais grand tort, ma foi,
De l'exposer à la dent meurtrière
Des ours, des loups.

(*Haut.*) Je n'ai qu'une chaumière;
Mais vous aurez un bon gîte chez moi.

ARSÈNE.

Un tel bienfait aura sa récompense.
Oui, sois certain de ma reconnaissance.

LE CHARBONNIER.

« J'y compte bien; mais, mais dites-moi donc :
« En ce désert, si jeune et si bien mise,
« Que cherchiez-vous ? Quel étrange démon
« Vous fait aller, dans cet état de crise,
« Pendant la nuit, à pied, sans compagnon?
« Au coin du bois, vous voyez ma maison.
« Çà, donnez-moi votre bras, ma mignonne.
« On recevra sa petite personne
« Comme on pourra. J'ai du lard et des œufs.
« Toute Française, à ce que j'imagine,
« Sait, bien ou mal, faire un peu de cuisine :
« Je n'ai qu'un lit, c'est assez malheureux,
« N'est-il pas vrai? » Qu'est-ce qui vous chagrine ?
Tout ce que j'ai, je l'offre de bon cœur,
Et sans façon....

ARSÈNE.

Vous pensez.... quelle horreur!

COMÉDIE-FÉERIE.

LE CHARBONNIER.

Au demeurant, la chère sera bonne.
J'aime la joie; et, quoique charbonnier,
Je suis content, la gaîté m'environne,
De l'univers je me crois le premier;
Le seul chagrin qui trouble un peu mon ame,
Est le regret d'avoir perdu ma femme :
La pauvre Jeanne!.... Il ne lui manquait rien :
Et je l'aimais ce qui s'appelle bien.
Mais, voyez-vous, fière d'être chérie,
Par son caprice et sa bizarre humeur,
Elle mettait le ménage en rumeur;
Je n'aime pas que l'on me contrarie.
Il faut avoir pour moi de la douceur.
Je suis têtu, quelquefois je m'emporte
Sans réfléchir; *mais, primer est mon goût,*
Je n'entends point que ma femme surtout
Manque au respect que je veux qu'on me porte.

ARSÈNE, *à part.*

Qu'il est brutal!

LE CHARBONNIER.

   De dépit elle est morte;
Et tout exprès encor pour m'affliger;
 (*Gaîment.*)
Mais je vous vois, la perte est réparée;
Vous me plaisez.

ARSÈNE.

O Ciel! A quel danger!....

LE CHARBONNIER.

Il ne faut pas faire la mijaurée.
Tranquillement ne peut-on s'accorder?
Je suis chez moi, vous êtes égarée;
Par conséquent vous devez me céder.

ARSÈNE.

Qui? moi, céder!

LE CHARBONNIER.

Êtes-vous mariée?

ARSÈNE.

Que vous importe?

LE CHARBONNIER.

Ayez le ton plus doux,
Si vous voulez que je sois votre époux.

ARSÈNE.

Puis-je à ce point me voir humiliée!

LE CHARBONNIER.

Dans vos regards j'aperçois du dédain.
Je n'aime point qu'on soit impertinente.
Répugnez-vous à me donner la main?

ARSÈNE.

Très-fort.

LE CHARBONNIER.

Eh bien, vous serez ma servante.

ARSÈNE.

Votre servante !

LE CHARBONNIER.

Eh mais, il le faut bien.
De deux partis, qu'enfin je vous propose,
Lequel vous plaît ? je ne vous gêne en rien ;
Mais il faut être utile à quelque chose.

ARSÈNE.

Assurément, vous êtes bien grossier.

LE CHARBONNIER.

Je suis poli, moi, comme un charbonnier.

ARIETTE.

Voici quel est mon caractère :
Quand on veut me faire la loi,
Les vents, la grêle, le tonnerre,
Sont moins redoutables que moi ;
Je me ris de toute la terre ;
Dans ma cabane je suis roi.
 Soyez amusante,
 Soyez complaisante,
Je serai toujours en gaîté.
 Je danse, je chante ;
 Mon ame est contente,
Quand on cède à ma volonté.
Ici vous n'aurez d'autre affaire
Que de m'aimer, me servir et vous taire.
 Oui, oui,
Je me ris de toute la terre ;
 Oui, oui,
Charbonnier est maître chez lui.
Si vous voulez me satisfaire,
Si vous voulez toujours me plaire,

Nous vivrons toujours en paix.
   Mais
Je vous ai dit mon caractère :
Quand on veut me faire la loi,
Les vents, la grêle, le tonnerre
Sont moins redoutables que moi ;
Je me ris de toute la terre,
Dans ma cabane je suis Roi.

ARSÈNE.

Peut-on plus loin porter l'excès d'audace ?

LE CHARBONNIER.

Hein ? quoi ? plaît-il ? vous faites la grimace !
Je vous crois fière. Oh ! si je vous déplais,
Vous êtes libre, et je vous débarrasse
De ma figure. Adieu, dormez en paix.
Adieu, bon soir.

ARSÈNE.

    Eh ! de grâce ! de grâce !

LE CHARBONNIER.

Eh ! non, pourquoi ? je vous gêne, vous lasse.

ARSÈNE.

Restez. (*A part.*) Que dis-je ?

LE CHARBONNIER.

      Eh bien ! décidez-vous.
Je ne suis pas si méchant que les loups.

ARSÈNE.

Je vous suivrai.

LE CHARBONNIER.

Vous voilà plus soumise.
Quand on a peur, tout orgueil s'humanise.
(*Il appelle ses garçons.*)
Hé! La Forêt, Robert, Dubois, Silvain.
(*A Arsène.*)
Ce sont les gens qui sont à mon service.
Je veux qu'ici chacun vous obéisse.
Holà! Dubois, Robert. J'appelle en vain!
Ces coquins-là tardent bien à paraître.
Oh! je les vas....

SCÈNE III.

ARSÈNE, LE CHARBONNIER, SILVAIN, LA FORÊT, DUBOIS, ROBERT.

SILVAIN.

Me voilà.

ROBERT.

Me voici.

DUBOIS.

Que voulez-vous?

LA FORÊT.

Que vous plaît-il, not' maître?

LE CHARBONNIER.

Au premier mot je veux être obéi.

SILVAIN, *tremblant.*

Oui.

LE CHARBONNIER.

Tôt ou tard il faudra que j'assomme
Quelqu'un de vous.

ARSÈNE.

Ah! quel homme! quel homme!

LE CHARBONNIER.

Çà, mon souper?

ROBERT.

Sera prêt dans l'instant.

LE CHARBONNIER.

Quoi! pas encore? Est-ce ainsi qu'on m'attend?
Dépêchez-vous. Un couvert pour Madame.
Respectez-la; c'est ma douzième femme.

SCÈNE IV.

LE CHARBONNIER, ARSÈNE.

LE CHARBONNIER.

En attendant, reposez-vous ici :
L'air est plus frais, le ciel est éclairci.

ARSÈNE.

Si vous vouliez avoir la complaisance
D'écouter....

LE CHARBONNIER.

Qu'est-ce ? en deux mots, finissez.

ARSÈNE.

Vous ignorez mon rang et ma naissance :
Je suis....

LE CHARBONNIER, *gracieusement.*

Jolie ; et pour moi, c'est assez.

ARSÈNE.

La fée Aline eut soin de mon enfance.

LE CHARBONNIER.

Aline ou non, qu'importe ?

ARSÈNE.

Mais....

LE CHARBONNIER.

Eh bien?

ARSÈNE.

Sans me connaître....

LE CHARBONNIER

Oh! cela n'y fait rien;
Après la noce on fera connaissance.

DUO.

ARSÈNE.	LE CHARBONNIER.
Ah! respectez mon destin rigoureux!	Votre sort n'est point rigoureux,
Ayez un cœur sensible et généreux.	Puisqu'il est vrai que je vous aime.
N'abusez point de mon malheur extrême ;	Je trouve bon votre système :
Il est si doux de faire des heureux!	Il est bien doux de faire des heureux!
En obligeant, on s'oblige soi-même.	En obligeant, on s'oblige soi-même.
	Hâtez-vous donc de répondre à mes vœux.
Si vous m'aimez..........	Oui, parbleu! je vous aime.
Ah! respectez mon destin rigoureux;	Votre sort n'est point rigoureux,
Ayez un cœur sensible et généreux.	Puisqu'il est vrai que je vous aime.
N'abusez pas de mon malheur extrême :	Je goûte fort votre système.
Il est si doux de faire des heureux!	Il est bien doux de faire des heureux,
En obligeant, on s'oblige soi-même.	Mais en commençant par soi-même.

ARSÈNE, *avec beaucoup de retenue.*

C'est l'amour seul, et non l'autorité,
Qui de mon sexe adoucit la fierté.
L'amant supplie et n'agit point en maître :
Par les égards, le respect, la douceur,
Avec le temps, il sait gagner un cœur.
Espérez tout de vos soins, et peut-être....

LE CHARBONNIER.

Moi, comme un sot, aimer avec fadeur !
Ces agrémens qui te rendent si belle,
Si fière..... dis, sont-ils formés pour toi ?
Non, c'est pour l'homme ; or, j'en suis un, je croi :
Donc, j'ai des droits. Ne sois pas si rebelle.
Allons, allons, cher trésor de mon cœur,
Plus de souci, soyons de bonne humeur :
Embrassons-nous. Qu'avez-vous, chère amie ?
Vous pâlissez.

ARSÈNE, effrayée.

La fatigue, la peur....

LE CHARBONNIER, à part.

La pauvre enfant est presqu'évanouie.
(<i>Haut.</i>) Asseyez-vous.

(<i>Il la fait asseoir sur un banc de gazon qui se trouve au pied d'un rocher.</i>)

Prenez soin de vos jours.

ARSÈNE.

Je n'en puis plus.

LE CHARBONNIER, à part.

Son état m'intéresse.

(<i>Haut.</i>) Hé bien ! chez moi vous serez la maîtresse ;
Je fais serment de vous chérir toujours :
Courage..... on va vous donner du secours.

(Il sort en courant vers sa chaumière.)

SCÈNE V.

ARSÈNE, seule.

De mon malheur j'aurais tort de me plaindre ;
On m'a prédit ce que j'avais à craindre.
J'ai tout bravé, j'ai causé mon tourment.
En rejetant les vœux d'un tendre amant,
Je repoussais le bonheur de ma vie.
J'ai tout perdu. Quelle était mon envie !
Hélas ! trop tard mes yeux se sont ouverts.
    (*Elle se lève.*)
Ne puis-je pas sortir de ces déserts ?
Voyons, cherchons....

(*Elle monte sur la cîme du rocher, et porte la vue de toutes parts.*)

                  Il n'est aucune issue.
Dieux ! je succombe, et mon ame abattue....
Cher Alcindor, ton amour outragé....
Par mes regrets tu n'es que trop vengé.
Oui, je t'aimais.... c'est cet orgueil extrême
Qui fut toujours si contraire à moi-même.
Dois-je subir mon déplorable sort !
Ah ! je n'ai plus d'autre espoir que la mort.

(*Elle s'appuie sur le rocher, et paraît s'évanouir ; à l'instant le théâtre change, et représente un vaste et superbe salon orné de festons et de guirlandes, et prêt pour une fête nuptiale : Arsène se trouve sur un riche canapé.*)

COMÉDIE-FÉERIE.

SCÈNE VI, et dernière.

ARSÈNE, ALINE, ALCINDOR, ARTUR,
DAMES ET CHEVALIERS, *chantans et dansans.*

ALCINDOR, *courant se précipiter aux pieds d'Arsène.*

Reconnaissez l'amant qui vous adore.

ALINE.

Modérez-vous, il n'est pas temps encore.

(*Elle le fait retirer dans le fond du théâtre. Arsène revient à elle peu à peu, pendant que l'on chante en sourdine le chœur suivant.*)

CHŒUR.

Triomphez, tendre Alcindor,
Triomphez, l'amour vous couronne.
Triomphez, tendre Alcindor,
Un cœur qu'il donne
Est un' trésor.
Dans cette journée,
Un doux hyménée,
Dans cette journée,
Forme vos nœuds;
Et sa chaîne fortunée
Pour toujours vous rend heureux.

ARSÈNE.

Est-ce une erreur de mon ame éperdue!
Où me trouve-je! et qui frappe ma vue?
Pour qui ces chants, cette pompe, ces jeux?

ALINE.

Pour Alcindor : il se marie.

ARSÈNE.

O dieux!
Alcindor! lui? (*A part.*) Je suis désespérée.

ALINE.

Excusez-moi : je vous ai retirée
Pour un moment d'un séjour plein d'attraits,
Où les désirs sont toujours satisfaits;
Mais, en ce jour, votre auguste présence
Doit honorer les noces d'Alcindor.
Un charbonnier gémit de votre absence;
Je vais vous rendre à son impatience :
Demain, ce soir, vous reprendrez l'essor.

ARSÈNE.

Vous m'accablez. Ah! ma chère marraine!
Quoi! votre cœur peut jouir de ma peine!
Ah! par pitié.... si je fus jusqu'alors
Impérieuse et trop énorgueillie,
Je m'en repens, sans m'en croire avilie :
L'ame s'élève en avouant ses torts.

ALINE.

Voilà l'orgueil que je trouve excusable ;
Tout autre égare et devient méprisable :
Mais, Alcindor, cet amant rebuté....
Prenez donc part à sa félicité.

ARSÈNE.

Épargnez-moi ; j'ai mérité sa haine :
Sans murmurer j'étouffe ma douleur.

(*A Alcindor.*)

Ah ! si l'objet de vos vœux a mon cœur,
Vous n'aurez point à regretter Arsène.
Vivez heureux, et plaignez mon malheur.

ALINE, à Arsène.

Je lui procure une femme charmante,
Plus belle encor par sa simplicité,
Douce, attentive, honnête, prévenante :
La modestie embellit la beauté.

ARSÈNE.

Je veux la voir ; j'en aurai le courage.
(*A Aline.*)
Je lui dirai : connaissez l'avantage
De posséder le cœur de cet amant.
J'ai par orgueil méprisé son hommage ;
Instruisez-vous par mon égarement.
Eh ! quel mortel est plus digne qu'on l'aime ?
Qu'il vous soit cher, comme il l'est à moi-même.

(*Arsène prononce d'une voix plus basse la fin de ce vers, en cachant sa confusion et ses larmes dans le sein d'Aline ; elle se retourne ensuite du côté d'Alcindor, et lui dit :*)

Épousez-la, je l'ai trop mérité....
Ai-je des droits pour en être jalouse ?
Cher Alcindor, l'excès de vanité.....

ALCINDOR.

Quel changement !

ALINE, *vivement.*

C'est donc toi qu'il épouse.

(*A Alcindor.*)

Oui, la voilà cette jeune beauté,
Ce cœur sensible et noble sans fierté.
Son changement est le sens de l'oracle :
Du sentiment goûtez la volupté ;
Vous n'avez plus à craindre aucun obstacle.

(*A Arsène.*)

Tu m'accusais d'une injuste rigueur :
Je t'éprouvais, pour faire ton bonheur.

ARSÈNE, *avec une surprise mêlée de joie.*

Qu'entends-je ?

ALCINDOR, *du ton le plus vif et le plus passionné.*

Arsène, ô ma divine Arsène !
Pardonnez-vous à ces traits offensans,
Que démentait le trouble de mes sens ?
Aurais-je pu former une autre chaîne ?

Ah! que mes vœux ne soient point rejetés....
Que mes soupirs enfin soient écoutés....
(*Il se jette à ses genoux.*)
C'est à vos pieds....

ARSÈNE, *le relevant et lui donnant sa main.*

Sois mon souverain maître.
Je suis à toi ; je vois un nouveau jour :
Je me croyais au-dessus de mon être.
Dieux! quelle erreur ! il me manquait l'amour,
Et c'est toi seul qui me le fais connaître.

ALINE.

« Que fallait-il à ton cœur ? » Qu'il voulût,
Qu'il fût sensible, et qu'Alcindor lui plût.
Considérons toujours les deux extrêmes,
Pour nous fixer au point qui nous convient ;
Et conservons ce qui nous appartient,
Sans nous livrer à d'imprudens systêmes.
Un sage a dit : « Rien n'est plus périlleux
« Que de quitter le bien pour être mieux. »

ARSÈNE.

ARIETTE.

J'ai donc tout ce que je désire ;
Alcindor fera mon bonheur :
Si je peux régner sur son cœur,
Je ne veux jamais d'autre empire.

ALCINDOR.

C'est à vous de régner sur moi.

ARSÈNE.

Vous régnerez encore plus sur moi-même.

ENSEMBLE.

Je suivrai toujours votre loi :
C'est à vous de régner sur moi.
Obéir à ce que l'on aime,
Il n'est point de plus douce loi.
Vous régnerez toujours sur moi,
Et ce sera mon bien suprême.

CHŒUR.

Triomphez, Arsène, Alcindor,
Tous les deux l'Amour vous couronne :
Le plus grand bien, le plus rare trésor,
Est un cœur que l'Amour nous donne.

ARSÈNE.

Puissance suprême,
Trésors, diadême,
Puissance suprême,
Vous n'êtes rien.
On a tout lorsque l'on aime ;
L'amour seul est le vrai bien.

ARSÈNE, ALCINDOR.

DUO.

Tendre Amour, unis nos cœurs,
Et dans ton sein confonds nos ames :
Tendre Amour, unis nos cœurs ;
Pour nous tes flammes
Sont des faveurs.

CHŒUR.

A l'Amour livrez vos cœurs,
Tendre Alcindor, charmante Arsène ;
A l'Amour livrez vos cœurs,
Qu'il vous enchaîne
Avec des fleurs.

(*On danse.*)

FIN.

LES TROIS SULTANES,

OU

SOLIMAN II,

COMÉDIE

EN TROIS ACTES ET EN VERS.

Représentée pour la première fois par les Comédiens Italiens ordinaires du Roi, le 9 avril 1761.

AVERTISSEMENT.

Dans la Comédie des *trois Sultanes*, on vit pour la première fois sur notre théâtre les véritables habits turcs : ils avaient été fabriqués à Constantinople. Quelque temps après on représenta à la Cour l'Opéra de *Scanderberg*, et l'on emprunta l'habit de Sultane de Madame FAVART, pour en faire sur ce modèle. Mademoiselle Clairon, qui eut aussi le désir d'introduire le véritable costume à la Comédie française, fit faire un habit sur ce même patron, dont elle se servit au théâtre.

Après la première représentation de cette Comédie, M. l'abbé DE LATTAIGNANT, qui l'avait applaudie avec tout le Public, adressa ces deux couplets à l'auteur et à sa femme.

Le joli couple, à mon avis,
    Que Favart et sa femme !
Quel auteur met dans ses écrits
    Plus d'esprit et plus d'ame ?
Est-il pour l'exécution
    Actrice plus jolie ?
On prendrait l'un pour Apollon,
    Et l'autre pour Thalie.

Que tous deux, d'un commun aveu,
    Ont bien tous les suffrages !
L'actrice prime par son jeu,
    L'auteur par ses ouvrages.
Le spectateur prévient le choix
    Du Sultan qu'elle irrite ;
Et de tous les cœurs à la fois
    Elle est la favorite.

ACTEURS.

SOLIMAN II, surnommé le MAGNIFIQUE, Empereur des Turcs.

OSMIN, kislar-aga, ou chef des eunuques.

ELMIRE, Espagnole.

DÉLIA, Circassienne.

ROXELANE, Française.

EUNUQUES NOIRS.

BOSTANGIS.

MUETS, et autres esclaves du sérail.

La Scène est à Constantinople, dans le Sérail du Grand-Seigneur.

LES TROIS SULTANES,

OU

SOLIMAN II,

COMÉDIE.

ACTE PREMIER.

Le Théâtre représente une Salle des appartemens intérieurs du Sérail, ornée de tapis, de cassolettes, de sofas et autres meubles, selon la coutume des Turcs. Il y a un sofa garni de carreaux, placé sur l'avant-scène, à droite des acteurs.

SCÈNE PREMIÈRE.

SOLIMAN, OSMIN.

(Soliman entre d'un air triste, et se promène à grands pas sur le Théâtre. Osmin le suit à quelque distance.

OSMIN.

Très-gracieux Sultan, votre esclave fidèle
Attend vos ordres... Mot... Seigneur... je parle en vain.
Seigneur ?

SOLIMAN II,

SOLIMAN.

Dis-moi, mon cher Osmin :
Depuis qu'à tes soins, à ton zèle,
J'ai confié la garde du sérail,
Et le gouvernement des femmes....

OSMIN.

Parbleu! c'est un rude travail.

SOLIMAN, *continuant.*

Entre mille beautés, ces délices des ames,
En as-tu vue, Osmin, dont les attraits
Egalent ceux d'Elmire?

OSMIN.

Oh! non, Seigneur, jamais :
Et puisque vous l'aimez....

SOLIMAN.

Ah! dis que je l'adore.
Que je suis malheureux!

OSMIN.

Fort bien.
Allez, allez, Seigneur; il est encore
Un état pire : c'est le mien.

SOLIMAN.

Elmire part, cette Elmire charmante,
Tout à la fois si fière et si touchante ;
Elmire, mon tourment et mon souverain bien,

Elle va me quitter. Toujours je me rappelle
L'instant qui l'offrit à mes yeux ;
Glacée entre vos bras d'une frayeur mortelle,
Elle s'évanouit : ô Dieu ! qu'elle était belle !
En reprenant la vie, elle leva sur nous
De grands yeux bleus, intéressans, si doux,
Embellis encor par ses larmes.
Déjà tout occupé du plaisir enchanteur
De faire succéder l'amour à ses alarmes,
Je me flattais d'être aisément vainqueur
D'une ame sensible au malheur.
Je m'abusais, Osmin ; enivré de ses charmes,
Je ne fus plus son maître. Hélas ! dès ce moment
J'oubliai mon pouvoir, je devins son amant,
Son esclave. Cessez, lui dis-je, de vous plaindre,
Je ne suis pas un tyran odieux ;
A vivre sous mes lois je n'ose vous contraindre ;
Mais, un mois seulement, demeurez en ces lieux ;
Et je vous promets, belle Elmire,
Que vous serez rendue ensuite à vos parens,
Si mes soupirs vous sont indifférens.
Je l'ai juré, le terme expire ;
Que vais-je devenir ?

OSMIN.

Elle attendra plus tard.
Seigneur, si je lis dans son ame,
Autant que vous, elle craint son départ.

SOLIMAN.

Sur quoi le juges-tu ?

OSMIN.

Mais sur ce qu'elle est femme,
Et qu'on n'a pas tous les jours aisément
Un Empereur Turc pour amant.
Elmire est Espagnole : elle est fière, mais tendre ;
Et son cœur, en secret, ne cherche qu'à se rendre.

SOLIMAN.

Tu lui fais tort ?

OSMIN.

Eh ! non, non, sûrement.
Chaque matin, à sa toilette,
Elmire vous reçoit.

SOLIMAN.

Oui, mais si froidement !

OSMIN.

Pour mieux vous attirer : manége de coquette ;
Et je fonde mon sentiment
Sur des distractions avec art ménagées,
Des négligences arrangées,
Un hazard préparé, qu'on place heureusement,
Et de petites maladresses
Faites le plus adroitement.
Tantôt de ses cheveux on rassemble les tresses,
Pour couronner son front d'un nouvel ornement ;

On veut les arranger soi-même.
Moi désinteressé, je sens le stratagême ;
Un fidèle miroir réfléchit à vos yeux
De deux bras potelés les contours gracieux.
  Tantôt c'est un ruban qui coule :
  Elmire veut le r'attacher,
Et d'un soulier mignon fait voir le joli moule :
  Alors, comme il faut se pancher,
  Dans l'attitude un peignoir s'ouvre ;
Elle s'en aperçoit, et sa vivacité
Le tire brusquement, pour cacher d'un côté
  Ce que de l'autre elle découvre.
Dans ce désordre, Elmire en rougissant,
Lève des yeux où la pudeur confuse
  Semble demander qu'on l'excuse ;
  Mais où l'on peut voir cependant
  Bien moins d'embarras que de ruse.
Une autre fois sa maladroite main,
Qui veut assujétir un habit du matin,
  Se fait une piqûre : on jette
Au loin l'épingle : aye ! aye ! on fait un petit cri,
  Dont le Sultan est attendri ;
Et tandis qu'on en cherche une autre à la toilette,
On vous laisse le temps de fixer un regard,
A travers le tissu d'une gaze assez claire,
  Sur une taille élégante et légère,
  Qui s'arrondit sans le secours de l'art.

SOLIMAN II,

SOLIMAN.

Arrête, Osmin ; apprends à mieux connaître
Un objet respectable, adoré de ton maître.

OSMIN.

Eh bien ! j'ai tort, je connais mon erreur :
Vous n'êtes point aimé, Seigneur,
Puisque vous ne voulez pas l'être.

SOLIMAN.

Moi, je ne le veux point ?.....

OSMIN.

Mais non : c'est un malheur
Qui vous est attaché sans doute ;
Vous n'estimez un bien que par ce qu'il vous coûte.
Qu'une jeune beauté cède enfin à vos vœux,
Vous vous en détachez ; qu'elle vous soit sévère,
Vous gémissez, cela vous désespère :
On ne sait trop comment vous rendre heureux.

SOLIMAN.

Il est vrai que mon caractère
Me rend à plaindre.

OSMIN.

Je le vois ;
Mais hâtez-vous, Seigneur, de faire un choix,
Pour rétablir la paix entre cinq cents rivales ;
Car toutes briguent à la fois
L'emploi de favorite ; et ce sont des cabales,
Des trames, des caquets ; enfin, c'est un sabat....!

SOLIMAN.

Elmire seule est digne de me plaire.

OSMIN.

Eh bien, soyez moins délicat:
Gardez-la donc, puisqu'elle vous est chère;
Et renvoyez plutôt, Seigneur,
Ce nombre superflu d'inutiles femelles,
Que cent de mes pareils, moins nécessaires qu'elles,
Désolent par devoir, ou plutôt par humeur.
Avec des intérêts si différens des vôtres,
Dans ce cahos de volontés,
Ce conflit d'inutilités,
Quand on ne peut tirer parti les uns des autres,
On se hait, se déteste; effet très-naturel:
C'est le besoin commun et mutuel
Qui sert de base à la concorde.

SOLIMAN.

C'est ton affaire; et je veux qu'on s'accorde.

OSMIN.

Ma foi, j'aimerais mieux quitter le gouvernail:
On ne tient plus dans le sérail.
Entr'autres, nous avons une jeune Française,
Vive, étourdie, altière, et qui se rit de tout:
Elle vit sans contrainte, et n'est jamais plus aise,
Que lorsqu'elle me pousse à bout.

SOLIMAN.

A ce portrait je la devine :
N'est-ce point Roxelane ?

OSMIN.

Oui.

SOLIMAN.

Depuis plus d'un jour,
Je l'étudie et l'examine :
C'est bien la plus drôle de mine !

OSMIN.

Son nez en l'air semble narguer l'Amour.

SOLIMAN.

Il faut la contenir.

OSMIN.

Oh ! je perds patience.
Quand je la gronde, elle chante, elle danse,
Me contrefait, vous contrefait aussi.
C'est celle-là, qui n'a point de souci,
Qui ne cherche point à vous plaire.

SOLIMAN.

Tu la verrais bientôt changer de caractère,
Si je la flattais d'un regard.
Laissons cela ; les présens pour Elmire
Sont-ils prêts ?

OSMIN.

Oui, Seigneur. Puis-je ici l'introduire ?

SOLIMAN.

Oui.

SCÈNE II.

SOLIMAN, *seul.*

Quel moment! quel funeste départ!
Je n'avais point encore éprouvé ce martyre.
　Hélas! faut-il que je soupire
　Pour un objet que je perds sans retour?
Elle vient....

SCÈNE III.

SOLIMAN, ELMIRE, OSMIN, *et plusieurs Esclaves chargés de présens, qui se tiennent dans le fond du théâtre.*

SOLIMAN, *à Elmire.*

Ah! je sais ce que vous m'allez dire :
Partez, n'écoutez point la voix de mon amour.
Je vous ai retenue un mois dans ce séjour,
Pour vous accoutumer à commander vous-même;
Vous aviez, comme moi, l'autorité suprême.

Loin d'imposer un joug à votre liberté,
J'ai reconnu l'abus d'une loi tyrannique :
Si les mortels ont droit au pouvoir despotique,
    Il n'appartient qu'à la beauté.

ELMIRE.

    Seigneur, votre ame généreuse
    Me procure un plaisir bien doux :
C'est de vous estimer, c'est d'admirer en vous
La bonté, la douceur ; et j'étais trop heureuse.
Les vertus d'un sultan qui se fait adorer,
L'emportent sur les droits qu'il tient de la couronne :
    Les sentimens que l'on sait inspirer
Rendent plus absolu que les ordres qu'on donne.

SOLIMAN.

Et cependant Elmire m'abandonne,
    Et ce jour va nous séparer !

ELMIRE.

Comment ! déjà le mois expire ?

SOLIMAN.

Que dites-vous ? Se pourrait-il, Elmire ?....

ELMIRE.

    Je puis différer mon départ,
S'il vous cause, Seigneur, une douleur si vive ;
Et par égard je dois....

SOLIMAN.

Si ce n'est que l'égard,
Partez : de mon bonheur il faut que je me prive :
Le vôtre m'est plus cher, je dois le préférer.
Si c'était par amour.... Je cesse d'espérer....
 Allez revoir votre patrie,
 Allez embrasser vos parens :
 Vous devez en être chérie.

ELMIRE.

Souvent, sur notre sort, ils sont indifférens.
 Leur amitié s'affoiblit avec l'âge ;
Vous avez eu pour moi des soins plus généreux.
 Et l'on appartient davantage
 A ceux qui nous rendent heureux.

SOLIMAN.

Mon exemple doit être une règle pour eux ;
 Vous leur direz combien vous m'étiez chère :
Ils verront ces présens, tribut d'un cœur sincère.

(*Montrant les présens que portent les esclaves.*)

ELMIRE.

Seigneur, je dois les refuser.

SOLIMAN.

 Quoi ! vous me feriez cet outrage !
Quoi ! vous m'humiliez jusqu'à les mépriser !

ELMIRE.

 Je n'emporte que votre image ;

Vos traits, si ce n'est pas l'amour,
Sont gravés dans mon cœur par la reconnaissance.
Je crois, en quittant ce séjour,
Abandonner les lieux de ma naissance.

(*Avec un sentiment joué.*)

Adieu donc, Soliman.

SOLIMAN.

Elmire.... vous partez!

Elmire....

ELMIRE, à part.

Il s'attendrit; courage.

SOLIMAN.

Et ces présens ne sont point acceptés?
Recevez-les, du moins, comme le gage
De l'amour le plus pur, et du plus tendre hommage.

ELMIRE.

Non, je n'accepterais des dons si précieux
Que pour m'en parer à vos yeux.

SOLIMAN.

Eh bien.... vainement je désire.
Vous être insensible aux peines que je sens?....

ELMIRE, *avec un trouble affecté.*

Mais....

SOLIMAN.

Achevez.... Eh bien.... Partirez-vous, Elmire?

ELMIRE.

Seigneur.... j'accepte vos présens.

SOLIMAN.

Quoi! mon bonheur....

ELMIRE.

Oui, c'est trop me contraindre.
Qui peut dissimuler, n'aime que faiblement.
Tout le temps que l'on perd à feindre
Est un larcin qu'on fait à son amant.
Oui, mon cœur fut à vous dès le premier moment,
Si l'on m'a vu verser des larmes,
La crainte de vous voir échapper à mes vœux
Excitait seule mes alarmes.

SOLIMAN, *d'un ton qui doit moins marquer sa satisfaction que son étonnement de voir Elmire céder sitôt.*

Ah! je n'espérais pas être sitôt heureux.

(*A part.*) Osmin me l'a bien dit.

ELMIRE, *vivement.*

Vous m'aimez, je vous aime :
Mon cœur se livre au plus ardent transport;
Je vais contremander moi-même
Les apprêts d'un départ qui m'eût causé la mort.

(*A part.*) Enfin, enfin, j'ai la victoire.

SCÈNE IV.

SOLIMAN, OSMIN.

OSMIN.

Seigneur, je vous fais compliment :
Vous êtes, je le vois, dans un ravissement....

SOLIMAN.

Non, je n'aurais jamais pu croire
Qu'elle eût cédé si promptement.

OSMIN.

Comment! depuis un mois qu'elle est à se défendre!
Elle est ma foi l'unique, en pareil cas,
Dont le cœur eût tardé si long-temps à se rendre.

SOLIMAN.

Osmin, ne serait-elle pas
Plus ambitieuse que tendre?
Je ne sais; mais je n'ai point reconnu
Ce trouble intéressant, ce désordre ingénu,
Garant d'une flamme sincère.

OSMIN.

C'est se forger une chimère.

COMÉDIE.

SOLIMAN.

J'aurais voulu jouir de ce tendre embarras
 Que par degré j'aurais fait naître :
Préparer mon bonheur, l'attendre, le connaître,
Combattre des refus, et vaincre pas à pas.
Je suis aimé d'Elmire, et tout obstacle cesse ;
Ah! que son cœur encor ne s'est-il déguisé?
Ou véritable, ou feinte, à présent sa tendresse
 Ne m'offre qu'un triomphe aisé,
Qui n'a rien de piquant pour ma délicatesse.

OSMIN.

Nous y voilà. Peut-on vous résister long-temps ?
 Pour un monarque est-il des cœurs rebelles ?
Dans ce pays surtout, il n'est point de cruelles :
 On connaît le prix des instans.
Je vous l'ai déjà dit, toutes femmes sont femmes :
Croyons-en Mahomet, notre législateur ;
La nature prudente imprime dans leurs ames
 La complaisance, la douceur.
Eh! pourquoi voulons-nous, injustes que nous sommes,
Exiger des efforts qui passent leur pouvoir ?
Tous ces êtres créés pour le bonheur des hommes,
Sont tendres par état, et faibles par devoir ;
 Une résistance infinie
 Violerait les lois de l'harmonie,
Détruirait les accords de la société :
Pour l'intérêt commun, tout est bien ajusté.

Autant vaut Elmire qu'une autre :
Céder est son destin, triompher est le vôtre.

SOLIMAN.

Mon cœur se rend à ses attraits ;
Mais quoi ! ne verrai-je jamais
Que de ces femmes complaisantes,
De ces machines caressantes ?
Je dois me préparer encor à des langueurs,
A des louanges, des fadeurs,
Des ennuis où l'ame succombe.
Ah ! si tu vois que je retombe
Dans cet état cruel où l'amour s'assoupit,
Ne m'abandonne pas à moi-même.

OSMIN.

Il suffit.

Mon art vous sera favorable ;
Des danses, des chansons, les plaisirs de la table
Pourront, dans ces momens, égayer votre esprit.

SCÈNE V.

ELMIRE, SOLIMAN, OSMIN.

ELMIRE, *avec un habit plus riche.*

Seigneur, j'ai choisi cet habit;
Si la couleur vous en semble agréable,
C'est celle qui m'ira le mieux.
Comment me trouvez-vous ?

SOLIMAN.

Ah ! toujours adorable.

ELMIRE.

Je n'ai dessein de plaire qu'à vos yeux.

SOLIMAN.

Avec autant d'attraits, vous êtes toujours sûre
De l'effet de votre parure ;
Mais cependant l'habit que vous avez quitté....
Sans rien me dérober des charmes que j'admire....
Plus naturel.... plus simple.... oserai-je le dire ?
Imitait mieux votre beauté.

ELMIRE.

J'ai préféré la couleur la plus tendre :
J'ai mieux aimé qu'elle imitât mon cœur.

SOLIMAN II,

OSMIN, *à part.*

Oui, oui, c'est le ton qu'il faut prendre.

ELMIRE.

Dans les moindres objets, on doit, avec ardeur,
Marquer l'attention de plaire à ce qu'on aime :
Tous mes sens occupés de ce bonheur suprême....

SOLIMAN, *l'interrompant.*

Elmire....

ELMIRE.

Ah! laissez-moi m'applaudir de mon choix.
Oui, c'est la vérité qui me prête sa voix.
Eh! qui mérite mieux d'être aimé que vous même?
Tant de vertus qu'en vous nous voyons éclater....

OSMIN, *à part.*

Continue.

SOLIMAN, *avec un peu d'impatience.*

Elmire, de grâce,
Ne cherchez point à me flatter.

ELMIRE.

La louange vous embarrasse :
La craindre, c'est la mériter;
Vous m'en êtes plus cher.

SOLIMAN.

Quoi! toujours insister!

COMÉDIE.

OSMIN, *s'apercevant que l'ennui commence à gagner le Sultan.*

Seigneur, voulez-vous une fête?

SOLIMAN.

Oui, que pour ma Sultane, à l'instant on l'apprête.

ELMIRE.

Seigneur, épargnez-vous ce soin :
Une fête! En est-il besoin?
L'Amour se suffit à lui-même :
Lui seul doit remplir nos momens.
Solitaire au milieu des vains amusemens,
On ne voit que l'objet qu'on aime;
Tous nos sens, tous nos goûts à lui sont enchaînés :
A tout autre plaisir, l'ame est inaccessible.
Les spectacles, les jeux ne sont imaginés
Que pour dédommager de n'être pas sensible.

SOLIMAN.

Les plaisirs sont plus vifs pour les amans heureux :
Leur félicité les augmente.
Les fêtes ne sont que pour eux :
Il n'en est point pour l'âme indifférente.

OSMIN.

C'est fort bien dit. Seigneur, si vous le trouvez bon,
Je vais faire danser vos esclaves.

ELMIRE.

Non, non.

OSMIN.

C'est moi qui les enseigne.

SOLIMAN.

Osmin, qu'on avertisse
Cette nouvelle cantatrice
Que j'ai dans mon sérail : on vante son talent.

OSMIN.

Je vais l'envoyer à l'instant.

SCÈNE VI.

SOLIMAN, ELMIRE.

SOLIMAN.

Elmire, aimez-vous la musique?

ELMIRE.

Mais... comme il vous plaira; ne cherchez point mon goût:
Vous aimer, vous chérir est mon plaisir unique;
 Et vous me tenez lieu de tout.
Si vous m'aimiez de même...

SOLIMAN.

Ah! c'est me faire injure.

ELMIRE.

Vous ne formeriez point, Seigneur, d'autre désir.

COMÉDIE.

SOLIMAN.

Elle vient. Si j'en crois ce que l'on m'en assure,
    Oui, sa voix nous fera plaisir.
(*Il fait asseoir Elmire à côté de lui sur le sofa de l'avant-scène, et dit, en voyant Délia:*)
Placez-vous. Comment donc! elle a de la figure!

ELMIRE.

Mais.... oui.... ses sourcils peints font ressortir ses traits;
Cependant elle perd, quand on la voit de près.

SCÈNE VII.

DÉLIA, SOLIMAN, ELMIRE.

(*Soliman et Elmire sont assis à la turque sur le sofa; Délia avance timidement, s'arrête au milieu du Théâtre, et met un genou à terre devant le Sultan.*)

DÉLIA, *au Sultan.*

A tes ordres, Seigneur, Délia vient se rendre.
    Osmin m'a dit que tu voulais m'entendre:
Je ne m'attendais pas à l'honneur sans pareil....

SOLIMAN, *à Délia; froidement.*

Levez-vous et chantez.

DÉLIA, *se levant.*

Pardon, je suis tremblante.
L'aigle seul a le droit de fixer le soleil.
Que ton ame soit indulgente.

(*Elle chante.*)

ARIETTE.

Dans la paix et dans la guerre
Tu triomphes tour à tour ;
Tu lances les traits de l'Amour,
Tu lances les feux du tonnerre.
Mars et Vénus te comblent de faveurs ;
Et ta valeur, dans les champs de la gloire,
Remporte la victoire
Aussi rapidement que tu gagnes les cœurs.

SOLIMAN.

Par quel charme mon cœur se sent-il excité ?
Sa voix me transporte et m'enchante.

ELMIRE.

Ce qui m'en plaît le mieux, c'est que ce qu'elle chante
Est conforme à la vérité.
(*A part, regardant Délia.*)
Mais je crois qu'elle prend un air de vanité.

SOLIMAN.

Elle a je ne sais quoi qui prévient et qui touche.
(*A Elmire, en lui prenant la main.*)
Je veux qu'elle s'attache à vous faire sa cour.
(*En regardant Délia.*)
Ah! que les sons flatteurs d'une si belle bouche
Doivent bien exprimer l'amour!

COMÉDIE.

DÉLIA.

Je vais, si vous voulez, célébrer l'inconstance.

ELMIRE.

C'en est assez.

SOLIMAN, *à Elmire.*

Ayez la complaisance....
C'est un talent qu'il faut encourager.

ELMIRE, *se contraignant.*

Je me soumets.

SOLIMAN, *à Délia.*

Chantez : ce sera m'obliger.

ELMIRE, *à part.*

C'en est trop, je perds patience.

DÉLIA *chante* *.

ARIETTE.

Jeunes amans, imitez le Zéphir :
Il caresse l'œillet, l'anémone et la rose ;
Jamais son vol ne repose :
Nouvel objet, nouveau désir.
De beautés en beautés, sans vous fixer pour une,
Comme lui, voltigez toujours ;
Voltigez et passez de la blonde à la brune :
Les belles sont les fleurs du jardin des Amours.

---

* Pendant que Délia chante, Soliman bat la mesure dans la main d'Elmire. Elmire, qui s'aperçoit de l'attention du Sultan pour Délia, retire sa main par un mouvement de jalousie.

SOLIMAN, *se levant.*

Rien n'est plus parfait à mon gré :
Elle charme à la fois et le cœur et l'oreille.

(*A Elmire.*)
Qu'en pensez-vous ?

ELMIRE, *avec humeur.*

Son chant est trop maniéré.

SOLIMAN.

Ah ! vous avez raison : elle chante à merveille.

ELMIRE.

La réponse est très-juste ; eh bien, écoutez-la.
De votre attention je crains de vous distraire.

(*A part.*)
Cachons-leur mon dépit.

(*Elle sort.*)

SCÈNE VIII.

SOLIMAN, DÉLIA.

SOLIMAN, *qui ne voit, qui n'entend que Délia, ne s'aperçoit point qu'Elmire se retire.*

O BELLE Délia !
Un cœur, comme il te plaît, change de caractère.
Sur tout ce que tu dis, un charme se répand :
Tu chantes l'inconstance, on devient inconstant.
Mais je ne songe pas qu'Elmire....

COMÉDIE.

DÉLIA, *avec un petit air de satisfaction.*

Elle est sortie avec un air piqué.

SOLIMAN.

Comment ! je n'ai point remarqué....
C'est l'effet du plaisir que votre voix inspire.

SCÈNE IX.

SOLIMAN, OSMIN, DÉLIA.

OSMIN.

Seigneur, on ne peut plus tenir
A l'indocilité de la petite esclave :
　　Permettez-moi de la punir.
　　Elle m'insulte, elle me brave,
Elle me fait des tours : oh ! c'est, en vérité,
　　Un prodige d'espiégleries.
Je suis toujours l'objet de ses plaisanteries ;
Elle pince en riant : méchante avec gaîté,
　　Elle badine avec la haine,
　Et ne connaît nul égard, nulle gêne.
Je suis de ce sérail le premier officier,
Je représente ici la majesté suprême ;
Et me désobéir, c'est manquer à vous-même.

SOLIMAN.

Ce caractère est singulier !

OSMIN.

Elle est d'une insolence extrême.

SOLIMAN.

Je veux la voir.

OSMIN.

J'étais dans son appartement ;
Je lui défends expressément
D'en sortir, sous peine exemplaire :
Elle me prend par le bras poliment,
Me chasse, rit de ma colère,
Et me suit pour goûter deux plaisirs à la fois :
Pour se plaindre de moi devant vous, et pour faire
Ce que je lui défends. Mais, Seigneur, je la vois.

COMÉDIE.

SCÈNE X.

ROXELANE, SOLIMAN, OSMIN, DÉLIA.

ROXELANE.

Ah! voici, grâce au ciel, une figure humaine.
Vous êtes donc ce sublime Sultan
De qui je suis esclave? Eh bien, prenez la peine,
Mon cher Seigneur, de chasser à l'instant

(*Montrant Osmin.*)

Cet oiseau de mauvais augure.

OSMIN.

Hem, le début est leste.

ROXELANE.

Allons, allons, va-t-en :
Délivre-nous de ta triste figure,
Sors.

SOLIMAN.

Roxelane, respectez
Le ministre des volontés
D'un maître à qui tout doit obéir en silence.

ROXELANE.

Ah, ah!

SOLIMAN.

Vous n'êtes pas en France :
Ayez l'esprit plus liant et plus doux ;
Et, croyez-moi, soumettez-vous :
On punit au sérail le caprice et l'audace.

ROXELANE.

Ce discours a fort bonne grâce.
Qu'un Empereur turc est galant !
Prenez-vous ce ton-là pour être aimé des femmes ?
Vous devez enchanter leurs ames.
En vérité, c'est avoir du talent :
Mais, mais je vous trouve excellent.
(*Montrant Osmin.*)
Et de vos volontés voilà donc le ministre ?
Respectons ce magot avec son air sinistre.
Aveuglément nous devons obéir :
Il a vraiment de brillans avantages.
Hom ! si vous le payez pour vous faire haïr,
Il ne vous vole pas ses gages.
Un vrai monstre amphibie, un triste épouvantail ;
Jaloux, non pas pour lui, qui sans cesse nous gronde ;
Qui, pour nous désoler, nuit et jour fait sa ronde,
Et nous renferme ici, comme dans un bercail.
Ah ! comme il était en colère
Pour m'avoir vue hier seule dans vos bosquets.
Est-ce encor par votre ordre ? Eh ! quel mal peut-on faire ?
Nous est-il défendu d'y respirer le frais ?

COMÉDIE.

Avez-vous peur qu'il ne pleuve des hommes ?
Et quand cela serait, voyez le grand malheur !
 Le ciel, dans l'état où nous sommes,
Nous devrait ce miracle.

OSMIN.

    Eh bien, eh bien ! Seigneur,
Qu'en dites-vous ?

 SOLIMAN, *à Osmin, considérant Roxelane.*

    Quel jeu de physionomie !
Qu'elle a de feu dans le regard !

ROXELANE.

Comment ! vous vous parlez à part ?
 Je vous avertis en amie
 Qu'il n'est rien de plus impoli.
 Oui, vous feriez mieux de m'entendre ;
Je veux faire de vous un Sultan accompli :
 C'est un soin que je veux bien prendre.
Commencez, s'il vous plaît, par vous désabuser
Que vous ayez des droits pour nous tyranniser :
 C'est précisément le contraire.
Les hommes ne sont faits que pour nous amuser.
 Corrigez-vous, cherchez à plaire ;
 Chez vous on s'ennuie à périr.
 Au lieu d'avoir pour émissaire
  (*Montrant Osmin.*)
Ce prétendu Monsieur que je ne puis souffrir,

Prenez un officier, jeune, bien fait, aimable,
Qui vienne les matins consulter nos désirs,
  Et nous faire un plan agréable,
  De jeux, de fêtes, de plaisirs.
Pourquoi de cent barreaux vos fenêtres couvertes ?
  C'est de fleurs qu'il faut les garnir ;
 Que du sérail les portes soient ouvertes,
Et que le bonheur seul empêche d'en sortir.
  Traitez vos esclaves en dames,
  Soyez galant avec toutes les femmes,
Tendre avec une seule ; et si vous méritez
  Qu'on ait pour vous quelques bontés,
On vous en instruira. J'ai dit, je me retire :
  C'est à vous de vous mieux conduire ;
  Voilà ma première leçon :
Profitez ; nous verrons si vous valez la peine
  Qu'on vous en donne une autre.

    OSMIN, *à Soliman.*

          Bon!

Elle vous parle en souveraine.

SCÈNE XI.

SOLIMAN, DÉLIA, OSMIN.

DÉLIA, *à Soliman.*

Vous plaît-il, auguste Sultan,
D'écouter encore un air tendre?

SOLIMAN, *d'un ton sec.*

Non, l'heure m'appelle au divan:
On vous fera savoir si je veux vous entendre.

DÉLIA, *à part, en sortant.*

Il a le ton bien imposant;
Il a besoin d'une leçon nouvelle.

OSMIN.

Seigneur, qu'ordonnez-vous d'une esclave rebelle?
Comment dois-je punir ce mépris insultant?

SOLIMAN, *après un instant de réflexion.*

C'est une enfant, une petite folle:
Il faut l'excuser.

(*Il sort.*)

OSMIN.

Cette enfant
Pourra bien envoyer le Sultan à l'école.

FIN DU PREMIER ACTE.

ACTE II.

SCÈNE PREMIÈRE.

(*Soliman entre, suivi de plusieurs esclaves, officiers de sa personne : l'un porte une petite table d'or carrée, haute de six à huit pouces, et large d'un pied et demi environ ; l'autre pose sur cette table un riche vase de porcelaine ; un troisième y place une soucoupe d'or garnie de pierreries avec deux tasses de porcelaine et une cuiller faite avec le bec d'un oiseau des Indes très-rare, lequel bec est plus rouge que le corail, et de très-grand prix ; un quatrième esclave, après que Soliman s'est assis à la turque sur le sofa, lui présente à genoux une grande pipe allumée. Soliman fait un geste de la main ; les esclaves se retirent.*)

SOLIMAN, *fumant par intervalles.*

Je ne sors point de mon étonnement ;
Une esclave parler avec cette arrogance ! (*Il fume.*)
   Elmire, Elmire, ah ! quelle différence !
Que vous méritez bien tout mon attachement !

Osmin ne revient point; je meurs d'impatience.

(*Il fume.*)

Douceur de caractère, égards, respect, décence....
Et cette Roxélane.... (*Il fume.*) Oui, je suis curieux
De démêler au fond ce qu'elle pense.
C'est la première fois que l'on voit en ces lieux
Le caprice et l'indépendance.
Nous allons voir ce qu'elle me dira. (*Il fume.*)
Mais il faut s'amuser de son extravagance.
Osmin ne revient point. (*Il fume.*) A la fin le voilà.

SCÈNE II.

SOLIMAN, OSMIN.

SOLIMAN.

Eh bien ?

OSMIN.

Seigneur, j'ai fait votre message.

SOLIMAN.

Que t'a-t-on répondu ?

OSMIN.

Seigneur, sur un sofa
Roxelane dormait....

SOLIMAN.

Parle sans verbiage.
Au fait, le sofa n'y fait rien.

OSMIN.

Aussitôt on l'éveille ; elle me voit.

SOLIMAN.

Eh bien ?

OSMIN.

Que nous demande ce vieux singe,
Ce marabou coiffé de linge ?
Dit-elle, en se frottant les yeux.
A ce compliment gracieux,
Je réponds : Trésor de lumière,
Je viens, de la part du Sultan,
De vos pieds baiser la poussière,
Et vous dire qu'il vous attend
Pour prendre du sorbet avec lui....

SOLIMAN, *vivement.*

Viendra-t-elle ?

OSMIN.

Va dire à ton Sultan, réplique cette belle,
Que je ne prends point de sorbet,
Et que mes pieds n'ont point de poussière.

SOLIMAN.

En effet....
Tu t'y prends toujours mal ; tu pouvais bien attendre....
Osmin, on lui doit des égards.

OSMIN.

Elle en a tant pour nous !

COMÉDIE.

SOLIMAN.

Oui, malgré ses écarts,
Il est certains devoirs qu'à son sexe il faut rendre.
Elle est excusable.

OSMIN, *avec ménagement.*

A vos yeux.

SOLIMAN.

Sa vivacité, sa jeunesse....

OSMIN.

Vous prenez sa défense, elle vous intéresse;
Et cette belle esclave, au gosier merveilleux,
De la part du Sultan, n'ai-je rien à lui dire?

SOLIMAN.

A Délia? Non, rien.

OSMIN.

Et votre tendre Elmire....

SOLIMAN.

Elmire! ah! je l'aime toujours.
Mais, va trouver Roxelane; va, cours....
Qui peut lever cette portière? *.

---

* Les appartemens intérieurs du sérail n'ont point de portes fermantes, mais de riches portières de drap d'or, ou d'autres étoffes précieuses. Des eunuques noirs sont de garde nuit et jour à l'entrée en dehors, prêts à exécuter au moindre signal les ordres du Grand Seigneur ou du Kislar-Aga. Les femmes n'ont point la permission de se présenter devant Sa Hautesse sans être annoncées.

SCÈNE III.

SOLIMAN, ROXELANE, OSMIN.

ROXELANE, *lestement.*

C'est moi.

SOLIMAN.

Vous êtes la première....
(*A part.*) Mais elle ne sait pas les devoirs imposés;
Passons. (*A Roxelane.*) Roxelane, excusez;
Je suis fâché qu'on ait eu l'imprudence
D'interrompre votre sommeil.

ROXELANE.

Je m'attends tous les jours à quelque trait pareil.
Ces Turcs sont si polis!

OSMIN, *à part.*

Voyez l'impertinence.

ROXELANE, *à Soliman, qui continue de fumer.*

Mais voudriez-vous bien avoir la complaisance....

SOLIMAN, *qui s'imagine que Roxelane lui demande sa pipe pour fumer, la lui présente.*

Très-volontiers, tenez.

(*Roxelane prend la pipe, et la jette au fond du théâtre.*)

COMÉDIE.

OSMIN.

Quel attentat !

SOLIMAN, *se levant avec courroux.*

Comment ! après un tel éclat....

OSMIN, *saisi d'indignation, passe du côté de Soliman.*

Qu'ordonnez-vous, Seigneur ?

SOLIMAN, *à Osmin, d'un ton foudroyant.*

Silence.

(*Osmin se retire tout étonné.*)

Roxelane....

ROXELANE, *tranquillement.*

Fi donc ! mais cela n'est pas beau.
Comment ! comment ! Devant des femmes....
Vous qui faites la cour aux dames !
En vérité....

SOLIMAN.

Tout cela m'est nouveau.
Qu'elle est folle !
(*A Roxelane.*) Écoutez, Roxelane.

ROXELANE.

J'écoute.

SOLIMAN.

En France, l'on agit sans doute
Aussi légèrement.

ROXELANE.

A peu près.

SOLIMAN II,

SOLIMAN.

Par bonté
Je veux bien excuser votre vivacité ;
A l'avenir soyez plus circonspecte.
J'oublie entièrement ce que vous m'avez dit.

ROXELANE.

Vous l'oubliez ? Tant pis.

SOLIMAN.

Il faut qu'on me respecte.

ROXELANE.

Tant pis encor.

SOLIMAN.

Comment !

ROXELANE.

Sans contredit :
Vous y perdrez, vous y perdrez, vous dis-je.
Eh ! comment voulez-vous, Monsieur, qu'on vous corrige ?

SOLIMAN.

Me corriger ! De quoi donc, s'il vous plaît ?

ROXELANE.

De quoi ! de quoi ? Ces sultans me font rire ;
Ils pensent que sur eux nous n'avons rien à dire.
Je prends à vous quelqu'intérêt ;
Croyez-moi, bannissons la gêne.
L'amitié me conduit ; quand ce serait la haine,

COMÉDIE.

Vous pourriez y gagner encor :
La haine est franche, elle vaut un trésor ;
Nous devons lui prêter l'oreille.
Un ami par pitié faiblement nous conseille ;
Notre ennemi connaît tous nos défauts,
D'une gloire usurpée il distingue le faux :
L'amitié dort, la haine veille ;
Consultez-la, vous qui voulez régner.
L'orgueil nous trompe ; eh ! faut-il l'épargner ?
Non....

SOLIMAN, à part.

Cette femme est étonnante.

(A Roxelane, fièrement.)

Brisons-là.

ROXELANE, respectueusement.

Soit, ce serait vous fâcher.
Ce n'est pas mon dessein.

SOLIMAN.

Soyez donc plus prudente.

ROXELANE.

La franchise, il est vrai, doit vous effaroucher :
Vos oreilles n'y sont pas faites.

SOLIMAN.

Encor ! vous oubliez qui je suis, qui vous êtes.

SOLIMAN II,

ROXELANE.

Qui vous êtes, et qui je suis?
Vous êtes grand Seigneur, et moi je suis jolie.
On peut aller de pair.

SOLIMAN.

Oui, dans votre patrie.

ROXELANE.

Ah! que n'y suis-je encor? quels dégoûts! quels ennuis!
Vous faites bien sentir quelle est la différence
   De ce maudit pays au mien.
Point d'esclaves chez nous; on ne respire en France
   Que les plaisirs, la liberté, l'aisance.
Tout citoyen est roi, sous un roi citoyen.

SOLIMAN.

A ce que je puis voir, vous seriez enchantée
   Si vous pouviez vous séparer de moi.

ROXELANE.

Assurément; je suis de bonne foi.

SOLIMAN.

Mais, si par les plaisirs vous étiez arrêtée,
   Si l'on faisait votre bonheur?

ROXELANE.

               En quoi?

SOLIMAN.

Vous ne seriez donc point tentée
De plaire à Soliman, d'obtenir sa faveur?

COMÉDIE.

ROXELANE.

Non.

SOLIMAN.

Vous dites cela d'un cœur !....

ROXELANE.

Je le dis comme je le pense.

SOLIMAN.

Cependant, j'ai quelque espérance....

ROXELANE.

Détrompez-vous, c'est une erreur.

SOLIMAN.

Vous ne me rendez pas justice ;
Quoi ! jamais....

ROXELANE, *minaudant*.

Oh !.... Jamais !.... Je ne jure de rien.
Une fantaisie, un caprice
Peut décider de tout.

SOLIMAN.

Eh bien,
J'attends tout du caprice et de la fantaisie.
Vous soupez avec moi.

ROXELANE.

Je n'en ai nulle envie.

SOLIMAN.

Je pense que c'est un honneur ;
Vous devriez....

ROXELANE.

Je devrais ! Eh ! Seigneur,
Vous devriez plutôt vous-même vous défaire
Des mots humilians d'honneur et de devoir,
Qui font sentir votre pouvoir,
Sans vous donner le mérite de plaire.

SOLIMAN.

Allons, je le veux bien.

ROXELANE.

C'est agir sensément :
En ce cas laissez-vous conduire ;
Vous promettez, et je veux vous instruire.
Çà, faisons un arrangement :
Un souper tire à conséquence,
Et vous n'êtes pas mon amant :
Nous n'en sommes pas là. Pour faire connaissance,
C'est moi qui vous donne à dîner.

SOLIMAN.

Très-volontiers. Osmin ?

SCÈNE IV.

SOLIMAN, ROXELANE, OSMIN.

ROXELANE.

C'est à moi d'ordonner.
(*A Osmin.*)
Osmin, fais avertir l'intendant des cuisines *
    Que je traite ici le Sultan.
    Que la chère soit des plus fines,
    Et que l'on nous serve à l'instant.
    Vole....
(*Osmin se tourne avec étonnement du côté de Soliman pour savoir son intention.*)

SOLIMAN.

Obéis à Roxelane.
                (*Osmin sort.*)

---

* Le Mout-Pak Emini, intendant des cuisines du Grand Seigneur. Il a treize cents personnes sous ses ordres.

SCÈNE V.

ROXELANE, SOLIMAN.

ROXELANE.

N'avez-vous point quelqu'aimable Sultane
Qui puisse exciter l'enjouement ?
Tenez, il faut qu'Elmire vienne :
Vous l'aimez, m'a-t-on dit, assez passablement.

SOLIMAN.

Oui...., mais....

ROXELANE.

Et Délia, cette Circassienne
Dont le gosier vous cause un doux ravissement ?
Il faudrait l'inviter.

SOLIMAN.

Il n'est pas nécessaire,
Nous serons seuls.

ROXELANE.

Oui-dà !

SOLIMAN.

J'y compte.

ROXELANE.

Laissez faire,
J'arrangerai tout cela joliment.

SCÈNE VI.

SOLIMAN, ROXELANE, OSMIN.

OSMIN, à Roxelane.

Vos ordres sont donnés.

SOLIMAN *tire Osmin à part, et lui dit tout bas.*

Osmin, va chez Elmire,
Va rassurer son cœur, promets-lui que ce soir....

ROXELANE.

Que dites-vous?

SOLIMAN, à Roxelane.

Rien, rien. (*A Osmin.*) J'irai la voir.

ROXELANE.

Quels secrets avez-vous à dire?

SOLIMAN, à Osmin.

Pars.

ROXELANE.

Laissez-le moi, s'il vous plaît;
J'en ai besoin.

SOLIMAN, à Osmin.

Demeure.

SOLIMAN II,

ROXELANE, à *Osmin.*

Et suis comme un arrêt
Tout ce que je te vais prescrire.
(*A Soliman.*)
Et vous, allez vaquer aux soins de votre empire.
Vous reviendrez lorsque tout sera prêt.

SOLIMAN, *à part.*

Non, je n'ai rien vu de ma vie
De si plaisant. Contentons son envie,
Je veux m'en donner le plaisir.
(*Il sort en faisant une inclination à Roxelane, qui lui rend son salut avec une dignité comique.*)

SCÈNE VII.

ROXELANE, OSMIN.

OSMIN, *à part, pendant que Roxelane reconduit le Grand-Seigneur.*

Soliman veut se divertir,
C'est un moment de fantaisie;
Puisqu'elle prend faveur, faisons-lui notre cour;
Son ascendant pourrait nous nuire;
Quitte, après tout, pour la détruire,
Dès que nous y trouverons jour.
(*A Roxelane.*)
Enfin, vous triomphez.

COMÉDIE.

ROXELANE.

Eh! quoi, cela t'étonne?....

OSMIN.

Oh! point du tout : vous méritez très-fort
La préférence qu'on vous donne.
Chacun doit en tomber d'accord :
Quand on a votre esprit, quand on est aussi belle....

ROXELANE, *riant*.

Tout de bon?

OSMIN.

Croyez-en un esclave fidèle
Qui vous est attaché ; comptez qu'il n'en est point
De plus vrai, de plus....

ROXELANE.

Oui, oui, je sais à quel point
Je dois me fier à ton zèle.
Je vous connais, messieurs les courtisans.
Va, va, porte ailleurs ton encens :
Je vois ton cœur à travers ton visage :
Tu veux sacrifier à l'idole du jour.
Ces thermomètres de la cour
Ont cependant quelqu'avantage ;
Ils marquent à coup sûr les changemens de temps,
Le froid, le chaud, et le calme, et l'orage,
Tantôt haut, tantôt bas, suivant les accidens ;
Ils ne sont bons qu'à cet usage.

SOLIMAN II,

*OSMIN, à part.

Elle me connaît trop pour ne pas l'écraser.
(*Haut.*)
Non, je ne sais point déguiser ;
En vérité, je suis plus que personne....

ROXELANE.

Voici l'ordre que je te donne,
Suis-le sans rien examiner :
Passe chez Délia, de là, va chez Elmire,
Dis-leur que Soliman les attend à dîner ;
Mais ne t'avise pas de dire
Que tu viens de ma part : ta tête m'en répond ;
Que le Sultan même l'ignore.

OSMIN, à part.

Par la barbe d'Ali ! tout cela me confond.

ROXELANE.

Comment ! Tu ne pars pas encore !
Dépêche, et garde-toi surtout de me trahir.

---

* Huit esclaves noirs entrent et font, pendant le reste de cette Scène, tous les apprêts d'un dîner à la turque : ils étendent un tapis, ensuite un grand rond de maroquin qu'ils couvrent d'une nappe de toile des Indes à fleurs, sur laquelle ils posent une table ronde d'argent massif, haute d'un pied et demi et de quatre pieds de diamètre avec le rebord de deux doigts. Ils rangent à l'entour quatre grands carreaux ornés de réseaux et de glands d'or. Tout cela s'exécute avec promptitude, et dans le silence profond que l'on observe au sérail.

SCÈNE VIII.

ROXELANE ET LES ESCLAVES.

ROXELANE.

Oh! je ne veux point qu'on s'endorme
 Quand il s'agit de m'obéir.
Je veux dans ce sérail établir la réforme.
 (*Apercevant les esclaves.*)
Qu'est-ce que je vois-là? des carreaux, un tapis.
 Allons, allons, ôtez cet étalage.
 (*Elle donne du pied dans les carreaux.*)
Un dîner à la turque! oh! le plaisant usage!
Vous autres, vous mangez sur la terre accroupis,
Comme des sapajous. Une table, des chaises,
 Suivez les coutumes françaises.
(*Les esclaves marquent leur étonnement par leurs gestes.*)
 Eh bien? Ils sont tout étourdis.
 Que l'on baisse ces jalousies,
 Qu'on défende l'entrée au jour,
 Et que nous dînions aux bougies:
Leur éclat nous suffit, il répand à l'entour
Ce demi-jour si doux qui convient à l'amour.

J'oubliais la meilleure chose :
— Il nous faut du vin, songez-y.

(*Les esclaves paraissent scandalisés. Ils font entendre par signe qu'il n'y a point de vin dans le sérail.*)

Comment! ils ont horreur de ce que je propose!
Hem! quoi! plaît-il? on n'en a point ici?
Que l'on aille chez le Muphti, *
On en trouvera, j'en suis sûre :
C'est un esprit juste, un cœur droit,
Qui saisit tout le vin : c'est par là qu'il s'assure
Qu'aucun vrai musulman n'en boit.
Il nous en donnera du grec et du Champagne,
Tout ce que nous voudrons.

---

* Le Muphti est le souverain pontife de la loi mahométane. Il affecte une grande simplicité et la régularité la plus exacte. Il condamne l'usage du vin, et cependant en boit comme d'autres en secret.

SCÈNE IX.

OSMIN, ROXELANE.

OSMIN.

Etoile du sérail,
Vous êtes obéie, Elmire m'accompagne.

ROXELANE, *à part.*

Fort bien. Je vais songer moi-même à ce détail.
(*A Osmin.*)
Je reviens à l'instant.

SCÈNE X.

ELMIRE, OSMIN.

ELMIRE.

Osmin, quelle est ma joie!
Il est donc vrai que Soliman t'envoie?
Ah! je croyais que Délia....

OSMIN.

Bon! bon! rassurez-vous : ces virtuoses-là,

Tant pour le chant que pour la danse,
Quelquefois au sérail ont une préférence
　　Qui ne dure pas plus long-temps,
　　Qu'un entrechat, une cadence.
Il n'en est pas de même chez les Francs,
A ce que l'on dit.

ELMIRE.

　　　　　Non : elles ont un empire
　　Qui, bien souvent, mène au délire.
Par un aveuglement qu'on ne peut excuser,
　　A leur art léger et frivole,
Devoir, fortune, honneur, il n'est rien qu'on n'immole.
Le premier des talens est celui d'amuser.
J'avais tout lieu de craindre.

OSMIN.

　　　　　Eh! non, non, sa Hautesse
Ne s'est point prise à ses faibles appas.

SCÈNE XI.

ELMIRE, ROXELANE, OSMIN.

(*Roxelane s'aperçoit qu'Elmire et Osmin se parlent en confidence ; elle s'approche doucement, se met derrière eux sur le sofa de l'avant-scène, et les écoute.*)

OSMIN, *continuant, sans voir Roxelane.*

Mais un danger d'une autre espèce
Vous menace peut-être.

ELMIRE.

Hélas !
Achève, Osmin.

OSMIN, *sans voir Roxelane.*

C'est Roxelane.

ELMIRE.

Cette petite esclave ? Ah ! je ne le crois pas.
Le beau sujet pour faire une Sultane !

OSMIN.

Elle serait peu de mon goût.

ELMIRE.

Un air vif, étourdi, décidé...

OSMIN.

Voilà tout.
Soliman vous rend bien justice ;
Mais je crains l'effet du caprice.

ELMIRE.

Comment le prévenir ? Osmin,
Daigne recevoir cet écrin,
Et sers-moi.

OSMIN, *prenant l'écrin et le mettant dans son sein.*

De grand cœur, sans rien faire paraître.

ELMIRE.

Intendant des plaisirs, tu règnes sur ton maître.
Il ne voit rien que par tes yeux,
Il n'entend que par tes oreilles :
Tu le guides, tu le conseilles,
Tu décides son choix ; tu peux tout en ces lieux.
J'aurais trop à rougir de me voir des égales.
Osmin, mon cher Osmin, mon sort dépend de toi ;
En toute occasion rabaisse mes rivales :
N'épargne aucun moyen, et dis du bien de moi.

ROXELANE, *haut.*

Fort bien.

OSMIN, *à part, apercevant Roxelane.*

Je suis perdu.

(*Bas, à Roxelane.*) Vous me croyez un traître ;
En effet, j'en suis un pour vous servir.

COMÉDIE.

ROXELANE *se lève, et présente une bague à Osmin, qui la reçoit; et elle dit en parodiant Elmire :*

Osmin,
Reçois ce bijou de ma main.
O toi, qui règnes sur ton maître,
Osmin, mon cher Osmin, mon sort dépend de toi;
J'aurais trop à rougir si j'avais des rivales :
En toute occasion, vante-lui mes égales ;
Ne me ménage pas, et dis du mal de moi.

ELMIRE.

Cette froide plaisanterie
Vous sied très-mal, je vous en avertis.
Oui, Soliman m'est plus cher que la vie :
Je veux avoir son cœur; il n'importe à quel prix.

OSMIN.

L'émulation est louable.
Je vous laisse entre vous disputer cet honneur.
(*A Elmire, bas.*)   (*A Roxelane.*)
Comptez sur moi. Je vous suis favorable.

ROXELANE, *avec un souris moqueur.*

Va, je n'ai pas besoin de ta faveur,
Et tu peux protéger Elmire :
Je le permets.

ELMIRE.

Ce fier sourire
Nous décèle un orgueil qu'on pourrait réprimer.

SOLIMAN II,

ROXELANE.

C'est douter du succès, que de vous alarmer.

OSMIN, *à part.*

Courage; allons, j'aime assez les querelles;
C'est un revenant-bon pour moi :
Le casuel de mon emploi
Est la discorde entre les belles.

(*Il sort.*)

(*Pendant cet à parte d'Osmin, Elmire mesure des yeux Roxelane, d'un air fier et dédaigneux.*)

SCÈNE XII.

ROXELANE, ELMIRE.

ROXELANE.

Eh bien ? comment suis-je à vos yeux ?

ELMIRE.

Comme un objet qui doit m'être odieux :
Je ne le cache point.

ROXELANE, *d'un air ouvert.*

Venez, ma chère amie :
Embrassez-moi ; gardez votre Sultan.
Vous croyez que je m'en soucie ;
Mais, point du tout : allons, débarrassez-nous-en ;

Et de grand cœur je vous en remercie.
Qui peut donc encor vous troubler ?

ELMIRE.

Roxelane, nous sommes femmes.
Ce n'est pas entre nous qu'il faut dissimuler ;
Et nous nous connaissons : je m'attends à vos trames.

ROXELANE.

Eh bien, vous me jugez très-mal.
Je resterai toujours esclave, s'il faut l'être ;
Mais mon amant ne sera point mon maître :
Je n'aimerai jamais que mon égal.
Si vous avez moins de délicatesse,
Je vous cède mes droits ; usez de votre adresse
Pour réussir dans vos amours.

ELMIRE.

Je n'emploirais que ma tendresse.

ROXELANE.

Et des écrins.... Abrégeons ces discours.
Pour vous prouver comme je pense,
Apprenez que c'est moi qui vous prie à dîner
Avec votre Sultan : voyez ma complaisance.
Profitez des moyens que je veux vous donner ;
Tâchez que pour vous seule il soit tendre et fidèle.

(*A la Cantonade, en élevant la voix.*)
Holà ! faites venir ici le Grand-Seigneur.

ELMIRE, *à part.*

Veut-elle me tromper? J'aurai les yeux sur elle.

(*A Roxelane.*)

Si vous ne cherchez point à troubler mon bonheur,
Comptez sur l'amitié, sur la reconnaissance....

ROXELANE.

Taisons-nous; voici Délia:
Je l'ai fait inviter aussi.

ELMIRE.

Quelle imprudence!

ROXELANE.

Bon! bon! la craignez-vous? On s'en amusera.

COMÉDIE.

SCÈNE XIII.

ROXELANE, ELMIRE, DÉLIA.

ROXELANE, à *Délia*.

Venez sur l'horizon, astre de Circassie :
Aux yeux de Soliman, ce soleil de l'Asie,
    Étalez vos brillans appas ;
  Il va paraître. (*A Elmire.*) Elmire, je vous prie,
    Il faut égayer le repas :
Point de flegme espagnol ; vive l'étourderie.
Le sentiment est beau, mais il n'amuse pas.
Qu'en pense Délia ?

DÉLIA.

        Qu'on doit devant son maître
  Rester toujours dans la soumission,
    Le silence, l'attention.
    La nature a borné notre être.
  Pour un amant le ciel nous a fait naître :
    Qu'il soit sujet ou souverain,
Il a les mêmes droits ; enfin nous devons être,
    Par l'arrêt de notre destin,
    Esclaves.

ELMIRE.

Compagnes.

ROXELANE.

Maîtresses.

DÉLIA.

Les hommes ont l'empire.

ROXELANE.

Il faut leur commander.

ELMIRE.

Quels sont nos titres ?

ROXELANE.

Leurs faiblesses.

DÉLIA.

Encor plus faibles qu'eux, nous devons leur céder.

ELMIRE.

Ne leur disputons rien : n'ont-ils pas en partage
　　　La valeur, le courage,
Les Sciences, les Arts ?

ROXELANE.

Pourquoi s'en alarmer ?
Nous en savons plus qu'eux, mille fois davantage.

DÉLIA.

Et que savons-nous ?

ROXELANE.

Les charmer.

COMÉDIE.

ELMIRE.

C'est présumer beaucoup.

ROXELANE.

Selon ma fantaisie,
Laissez-moi gouverner le vainqueur de l'Asie,
Quelques jours seulement : je vous le rends après
Aussi complaisant qu'un Français,
Et l'amène à vos pieds.... à vos pieds, j'en suis sûre;
Ce sera sans beaucoup d'efforts :
Je veux ici venger l'honneur du corps.

ELMIRE, *à part*.

Son insolence me rassure :
Elle en sera punie, et je ne crains plus rien.

ROXELANE.

Sa Hautesse paraît ; cessons notre entretien.

(*A la Cantonade.*)

Esclaves, servez-nous *.

---

* Douze eunuques de l'*Has-Oda* (chambre suprême) apportent trois chaises, un fauteuil et une table toute servie à la française, et garnie de bougies. Les mets sont dans des plats de *mertabani*, espèce de porcelaine de la Chine, plus précieuse que l'or, par l'opinion où sont les Orientaux, qu'elle ne peut contenir aucun poison sans se briser. On ne sert point d'autres vaisselles sur la table du Grand Seigneur. Le Kilagi-Bacchi, intendant de l'échansonnerie et des offices, fait poser à terre une cuvette d'or dans laquelle est un flacon de cristal rempli de vin. Les verres sont sur la table. On descend en même temps du cintre un grand lustre orné de cristaux de différentes couleurs, et d'œufs d'autruches.

SCÈNE XIV.

SOLIMAN, ROXELANE, ELMIRE, DÉLIA, OSMIN.

SOLIMAN, à part.

O ciel ! je vois Elmire !

(*Bas, à Roxelane.*)

J'ai cru vous trouver seule ; encore Délia ?....

ROXELANE.

Oui, ce sont les objets que votre cœur désire :
Saluez donc.

(*Soliman salue.*)

Plus bas.

(*Il salue plus bas.*)

Fort bien : vous y voilà.

(*A Elmire et à Délia.*)

Mesdames, vous voyez un aimable convive,
Un peu novice encor ; mais il se formera.

ELMIRE, à Roxelane.

Cette saillie est un peu vive :
Roxelane, songez....

SOLIMAN, *bas à Elmire.*

Laissez, laissez cela.
Elle m'amuse.

ROXELANE.

Allons, placez-vous là.

(*A Elmire et à Délia.*)

Et vous à ses côtés. Je prendrai cette chaise;
Car je fais les honneurs.

SOLIMAN, *étonné de voir une table servie à la française.*

Quel est cet appareil ?

Mais je n'ai rien vu de pareil.

ROXELANE.

C'est un dîner à la française.

(*Soliman s'assied dans un fauteuil, Elmire à droite, Délia à gauche, et Roxelane à côté de Délia un peu sur le devant. Tous les officiers sont rangés autour de la table.*)

(*L'écuyer tranchant s'avance pour couper les viandes avec un grand couteau qui ressemble à un sabre.*)

Que veut cet estafier ?

SOLIMAN.

C'est l'écuyer tranchant *.

---

* L'écuyer tranchant n'exerce son emploi que dans les cuisines. Les Turcs n'ont à table ni couteaux, ni fourchettes : on leur sert les viandes, et même les fruits tout coupés en petits morceaux pour être pris avec les doigts. Comme Roxelane a commandé un dîner à la Française, et que les pièces sont entières, l'écuyer tranchant se présente, croyant être nécessaire. Ce n'est point manquer au costume que d'introduire ici cet officier.

SOLIMAN II,

ROXELANE.

Les dames serviront; c'est l'usage à présent :
 La peine est un peu fatigante ;
Mais tout le monde y gagne : une main élégante,
De ses doigts délicats agitant les ressorts,
 Découvre cent jolis trésors,
Et donne un goût exquis à ce qu'elle présente.
 (*A Elmire, en lui présentant une volaille.*)
Coupez, Elmire.

SOLIMAN.

    Oui, l'usage en est charmant.
(*A l'écuyer tranchant.*)
Je te supprime.

ROXELANE, *à Délia.*

    Et vous, très-agréablement
Vous verserez à boire à Sa Hautesse.
(*A Osmin.*)
Donne le vin.

SOLIMAN, *avec étonnement.*

 Du vin !

OSMIN, *avec un étonnement plus marqué.*

   Du vin !

ROXELANE.

    Du vin.
C'est la source de l'allégresse.
C'est l'ame du plaisir.

(*Osmin va prendre avec le bord de sa robe le flacon de vin qu'il pose sur la table, en détournant la vue.*)

(*A Osmin.*) Pourquoi donc ce dédain ?

(*A part.*)   (*A Osmin.*)

Commençons par l'esclave. Approche, pour ta peine,
De ce flacon tu vas avoir l'étrenne.

(*Roxelane remplit de vin un verre, et le présente à Osmin.*)

Tiens.

OSMIN.

Moi, goûter ce breuvage odieux !

ROXELANE, *regardant Soliman.*

Il me désobéit.

SOLIMAN, *à Osmin.*

Bois.

OSMIN.

O Ciel ! je frissonne.

(*A Soliman.*)

Seigneur, un Musulman....

SOLIMAN.

Eh ! fais ce qu'on t'ordonne.

OSMIN *prend le verre, lève les yeux au Ciel, fait une grimace de répugnance, et dit avant que de boire.*

O Mahomet ! ferme les yeux.

(*A part, après avoir bu.*)

Bon, bon.

SOLIMAN.

Je ris d'Osmin.

OSMIN, *tendant son verre.*

Seigneur, je me résigne.

ROXELANE, *à Osmin.*

C'en est assez. (*A Délia.*) Allons, charmante Délia,
Versez à Soliman les trésors de la vigne.
Donnez son verre, Elmire.

ELMIRE *tend le verre du Sultan.*

Le voilà.

(*Délia verse.*)

SOLIMAN.

Dispensez-moi....

ROXELANE.

J'entends ; vos officiers sont là.

(*Elle fait signe aux officiers et aux esclaves de se retirer. Tous sortent, à l'exception d'Osmin.*)

Éloignez-vous. (*A Soliman.*) J'approuve la décence.

ELMIRE.

Mais sur ce point, dit-on, vous en manquez en France ;
Car devant vos valets, francs espions gagés,
Vous parlez, agissez, sans aucune prudence ;
Pendant tout le service, autour de vous rangés,
Ils s'amusent tout bas de votre extravagance.
Vos travers, vos écarts, vos propos négligés,
Établissent les droits de leur impertinence.

SOLIMAN.

N'en sent-on pas la conséquence?
Dans le jour le plus pur il faut se faire voir;
  Et le respect que l'on imprime,
Doit être un sentiment, et non pas un devoir.

ROXELANE.

Seigneur, vous gagnez mon estime;
Mais on n'est pas toujours dans la sublimité :
Entre nous, croyez-moi, soyons ce que nous sommes.
  Pour qui serait la volupté,
  Si l'on en privait les grands hommes?
  Cette imposante gravité,
  Qui vous interdit la gaîté,
Éloigne cent plaisirs qu'un souverain ignore.
  Ah! malheureux qui n'a jamais goûté
    Les plaisirs de l'égalité?
(*Elle regarde Soliman d'un air coquet et agaçant.*)
Et celui d'obéir souvent plus doux encore.
    Allons, c'est à votre santé.

ELMIRE, *au Sultan.*

Vous nous ferez raison.

SOLIMAN.

    Il faut vous satisfaire.
(*Il boit avec Elmire, Roxelane et Délia. Osmin saisit ce moment pour boire en cachette, à même le flacon.*)

ROXELANE.

Voilà le moyen de nous plaire.
(*A Soliman, après qu'il a bu.*
N'est-il pas vrai que ce breuvage est doux?
(*A Délia.*)
Délia, vous rêvez! allons, animez-vous :
Vous ne nous dites rien.

DÉLIA, *d'un air réservé.*

Moi, je n'ai rien à dire.

ROXELANE.

Et qu'importe, parlez toujours :
Lorsque la gaîté nous inspire,
Un rien fournit matière à cent jolis discours.

ELMIRE.

Eh mais, oui : si j'en crois ce que l'on nous raconte,
La langue, en France, est toujours prompte,
Le bon sens ennuyeux jamais ne la conduit ;
Et comme d'un volcan, la parole élancée
Part sans attendre la pensée ;
On parle toujours bien lorsque l'on fait du bruit.

ROXELANE.

Mais, oui ; dans les soupers qu'à Paris on se donne,
Sur tout légèrement on discute, on raisonne ;
Et l'on n'a jamais plus d'esprit,
Que quand on ne sait ce qu'on dit.
Les Français sont charmans.

COMÉDIE.

SOLIMAN, *d'un air complaisant pour Roxelane.*

Et surtout les Françaises.

ROXELANE, *montrant Elmire.*

Et les Espagnoles aussi.
Convenez-en.

SOLIMAN.

Sans doute.

ROXELANE.

Allons, prenons nos aises;
Que la liberté règne ici.
(*Montrant Elmire.*)
Au cher objet qui vous engage,
Sans vous gêner, parlez de votre amour.

SOLIMAN, *à part.*

Elle veut me piquer, je vais avoir mon tour....
(*Haut à Elmire.*)
Elmire assurément mérite mon hommage.
Ses attraits....

ELMIRE.

Ah! Seigneur, c'est un faible avantage.
Rendez plutôt justice à ma sincère ardeur.

ROXELANE.

Ah! nous allons tomber dans la langueur;
Y pensez-vous de tenir ce langage?
Vous le ferez redevenir Sultan.
Ne nous gâtez point Soliman.

ELMIRE.

Sans contrainte, sans art, ma tendresse s'explique.

ROXELANE.

Osmin ? fais entrer la musique.

(*Osmin fait un signal ; tous les Musiciens et Musiciennes du sérail entrent, et se rangent dans le fond de la salle.*)

(*A Délia.*)

Pendant ce bel entretien-là,
Chantez un air, aimable Délia.

ARIETTE.

DÉLIA *chante au son des instrumens turcs.*

Dans l'univers tout aime, tout désire ;
Du tendre Amour tout peint la volupté.
Si le papillon vole avec légèreté,
Un autre papillon l'attire.
Les fleurs, en s'agitant, semblent se caresser,
Le lierre à l'ormeau s'unit pour l'embrasser,
Les oiseaux sont charmés de pouvoir se répondre ;
Et le doux murmure des eaux
Est causé par plusieurs ruisseaux,
Qui se cherchent pour se confondre.

ROXELANE, *à Délia.*

Ils sont tout occupés de leur amour transi.

(*A un Musicien qui tient une harpe.*)

Donnez cet instrument, je veux chanter aussi.

(*On lui donne la harpe ; elle prélude. Le Grand Seigneur se lève, et va s'appuyer sur le dos de la chaise de Roxelane.*)

(*Elmire et Délia se lèvent aussi, et se parlent tout bas; pendant ce temps les officiers enlèvent la table.*)

ROXELANE *chante, et s'accompagne sur la harpe.*

O vous, que Mars rend invincible,
Voulez-vous être au rang des Dieux?
Défendez-vous, s'il est possible,
D'être esclave de deux beaux yeux.

Vous triomphez par la victoire;
Mais tout l'éclat de votre gloire
S'anéantit devant l'Amour;
Et vous cédez à votre tour.
O vous, etc.

SOLIMAN.

De plus en plus je vous admire.

ROXELANE.

Comment! vous m'écoutiez?

SOLIMAN.

Avec ravissement.

ROXELANE.

Ah! vous auriez encor plus de contentement,
Si vous voyiez danser Elmire.
Il faut varier le plaisir.
(*A Elmire.*) Dansez.

ELMIRE, *au Sultan.*

Si c'est votre désir.

(*Le Sultan fait un signe de consentement.*)

SOLIMAN II,

ROXELANE, *aux Musiciens.*

Animez-vous, flûtes, cymbales *.

SOLIMAN, *à part.*

Je ne puis concevoir l'intérêt qu'elle prend
 A faire briller ses rivales :
 Il n'est rien de plus étonnant.

(*Elmire danse un air vif exécuté par les Musiciens turcs, et ensuite un air plus tendre, que Délia et Roxelane chantent en même temps.*)

DUO.

ROXELANE.	DÉLIA.
(*A Soliman.*)	
Animez leurs jeux ;	Animez nos jeux ;
Ecoutez leurs vœux.	Ecoutez nos vœux.
Partagez les ardeurs	Au vainqueur des vainqueurs
De ces jeunes cœurs.	Nous offrons nos cœurs.
Du plus tendre amour,	Du plus tendre amour,
En ce jour,	En ce jour,
Elles vont aux Houris **	Nous pouvons aux Houris
Disputer le prix.	Disputer le prix.

---

* Les cymbales, ou *Zils* comme les Turcs les nomment, sont de petits bassins d'airain ou d'argent, qui ont huit à dix pouces de diamètre ; leur concavité est d'environ deux pouces de profondeur, et leur plat-bord en a autant ; une anse est soudée sur le côté convexe. On frappe ces cymbales l'une contre l'autre ; ce qui rend un son éclatant, mais assez agréable.

** Filles du paradis de Mahomet. Selon les belles promesses de l'alcoran, les Musulmans jouiront, après leur mort, d'une félicité éternelle dans les bras de ces beautés célestes, et les trouveront toujours vierges.

COMÉDIE.

(*Aux Odalisques.*)

Pour un Maître
Qui doit être
L'objet de tous vos désirs,
Que sans cesse
L'on s'empresse :
Par de doux plaisirs,
Charmez ses loisirs.
Animez leurs etc.

Pour un Maître
Qui doit être
L'objet de tous nos désirs,
Que sans cesse
L'on s'empresse :
Par de doux plaisirs,
Charmons ses loisirs.
Animez leurs etc.

(*A Soliman.*)

Comme l'astre des cieux,
Dont les feux radieux
Font éclore
Les roses de Flore :
Votre flamme
Donne l'ame
A la volupté ;
A la beauté.
Animez leurs etc.

Comme l'astre des cieux,
Dont les feux radieux
Font éclore
Les roses de Flore,
Votre flamme
Donne l'ame
A la volupté,
A la beauté.
Animez leurs etc.

(*Soliman n'écoute que Roxelane : il est charmé de l'entendre ; il regarde si Elmire ne le voit point ; il prend un mouchoir de soie, qu'il porte à sa ceinture, et le donne en cachette à Roxelane.*)

SOLIMAN.

Je n'y tiens plus : mon cœur est dans l'ivresse.

(*A Roxelane, en lui donnant le mouchoir.*)

Acceptez....

ROXELANE *prend le mouchoir et le présente à Délia.*

Délia, recevez ce présent :
C'est sans doute à vous qu'il s'adresse :
C'est le prix de votre talent.

SOLIMAN, *à part.*

Quel mépris!

DÉLIA, *s'inclinant devant le Sultan.*

Quel bonheur!

ELMIRE, *se laissant tomber sur le sofa.*

J'expire.

SOLIMAN, *après un moment de silence, arrache le mouchoir de la main de Délia, et le porte à Elmire.*

Elmire, il est à vous : oui, je déclare, Elmire....

ELMIRE.

Ah! je renais.

SOLIMAN, *à Roxelane.*

Ote-toi de mes yeux.

C'est trop souffrir; ingrate, tu me braves :
Qu'elle soit mise au rang des plus viles esclaves.

(*Roxelane est emmenée par quatre eunuques noirs. En sortant, elle regarde Soliman avec une fierté noble, qui marque la tranquillité de son ame. Délia se retire confuse. Tous les personnages qui sont sur la scène disparaissent, excepté Osmin, que Soliman retient, et Elmire, qui s'éloigne dans le fond du théâtre.*)

SCÈNE XV.

SOLIMAN, OSMIN, ELMIRE.

SOLIMAN.

Viens, Osmin : je suis furieux !
(*Il veut sortir, Osmin lui fait apercevoir qu'Elmire l'attend.*)

OSMIN.

Mais Elmire, Seigneur....

SOLIMAN.

Il faut que je l'évite.

OSMIN.

Mais vous l'aimez ?

SOLIMAN.

Oui, je l'aime ; je veux....
Oui, je l'adore.... Osmin, que je suis malheureux !
Viens, suis-moi, dissipons le trouble qui m'agite.
(*Il sort du côté opposé à Elmire, qui voyant que Soliman ne la suit point, se retire avec douleur.*)

FIN DU SECOND ACTE.

ACTE III.

SCÈNE PREMIÈRE.

ELMIRE, seule.

Soliman ne vient point : je tremble sur mon sort.
Je ne le vois que trop, il aime Roxelane.
Je ne dois qu'au dépit l'honneur d'être Sultane ;
Mais j'aurai Soliman.... Soliman, ou la mort.
    L'ambition à l'amour est égale.
    Quoi! je verrais.... je verrais ma rivale
Jouir.... Je la perdrai.... Dois-je la perdre, hélas !
  (*Apercevant Soliman.*)
Mais d'un air inquiet il porte ici ses pas.
Il semble m'éviter, il s'arrête, il soupire.
  (*A Soliman.*)
    Seigneur....

SCÈNE II.

SOLIMAN, ELMIRE, OSMIN.

SOLIMAN *voit Elmire, et se retourne du côté d'Osmin.*

Osmin ?

ELMIRE, *à Soliman.*

Quel sombre accueil !

SOLIMAN, *à Elmire.*

Rassurez-vous ; vous triomphez, Elmire.

(*A Osmin.*)

Un air altier, un fier coup d'œil,
Dans le moment de sa disgrace,
Annonçait encor son audace.
As-tu remarqué cet orgueil ?

(*A Elmire.*)

J'ai conçu des désirs qui vous ont outragée.
Elmire, pardonnez à l'erreur d'un moment.
Roxelane reçoit un juste châtiment.
Hélas ! vous êtes bien vengée.

ELMIRE.

Non, je ne la suis pas, si je n'ai votre amour.

SOLIMAN II,

SOLIMAN.

Ah! vous le méritez : qu'en ce jour il éclate.
Ce cœur est à vous sans retour;
Oui, sans retour pour une ingrate.

ELMIRE.

Pour une ingrate!

SOLIMAN.

Elle n'est plus à moi :
C'est votre esclave, et je vous l'abandonne.

ELMIRE.

Vous me l'abandonnez?

SOLIMAN.

Oui, oui, je vous la donne,
Et ma parole est une loi.

ELMIRE.

Je l'accepte, il suffit.

OSMIN, *à part.*

Je ne sais plus, ma foi,
Qui je dois protéger ; son caprice m'étonne.

SOLIMAN.

Mérite-t-elle aucun égard?

ELMIRE.

Non, puisqu'elle a pu vous déplaire,
Je ne veux point sur elle abaisser un regard ;
Je ne pourrais jamais la voir qu'avec colère,
Je veux....

SOLIMAN, *l'interrompant avec une vivacité qui fait apercevoir tout l'intérêt qu'il prend encore à Roxelane.*

Que voulez-vous ?

ELMIRE.

Ordonner son départ :
Du sérail qu'elle soit bannie.

OSMIN.

Je lui vais, de grand cœur, annoncer son congé.

SOLIMAN, *à Osmin.*

Attends, attends, je serais peu vengé,
Elle n'est pas assez punie.
Va la chercher.

ELMIRE, *à Osmin.*

Arrête, Osmin.

(*A Soliman.*)
Seigneur, quel est votre dessein ?

SOLIMAN.

Il faut qu'à ses yeux je répare
Mon injustice et mes torts envers vous ;
Que devant elle je déclare
Que nous sommes unis par les nœuds les plus doux.
Témoin du bonheur de ma vie,
Qu'elle sente le prix de ce qu'elle a perdu,
(*Plus vivement.*)
De ce cœur qui l'aimait, et qui vous était dû.

Excitons chaque jour ses regrets, son envie;
Que, pour attiser son tourment,
La dévorante jalousie
Cherche dans notre flamme un nouvel aliment.

ELMIRE.

Eh! laissons Roxelane.

SOLIMAN.

Il est vrai, je m'égare.
N'y pensons plus.
(*Après un temps.*)
Qu'elle compare
Votre splendeur, et cet abaissement
Où par sa faute elle se trouve.
Redoublons nos transports, et qu'ils soient remarqués :
On est moins affecté des peines qu'on éprouve
Que des biens que l'on a manqués.
(*A Osmin.*)
Va la chercher....

(*Osmin veut sortir; Elmire l'arrête.*)

ELMIRE.

Un moment.

SOLIMAN, *d'un ton à être obéi.*

Va, te dis-je.
(*Osmin sort.*)

SCÈNE III.

SOLIMAN, ELMIRE.

SOLIMAN.

Qu'elle soit confondue; Elmire, je l'exige.

ELMIRE.

Eh! que voulez-vous exiger?

SOLIMAN.

Vengez-vous, vengez-moi d'une esclave insolente.

ELMIRE.

Croyez-moi, cessez d'y songer.
C'est une Française imprudente,
Dont la légèreté détruit le sentiment;
Qui croit que tout est fait pour son amusement;
Qui croit que le caprice est ce qui rend aimable,
 Et dont le cœur n'est point capable
 D'un véritable attachement.
 Je sais qu'on peut être agréable,
Par une gaîté vive, un frivole enjouement;
Mais ce n'est pas assez : il faut être estimable,
 Pour fixer le cœur d'un amant;
 Et la raison rend seule respectable.

SOLIMAN.

Ah! telle est Roxelane en sa frivolité :
Sa raison perce à travers sa gaîté.
D'un nuage léger, c'est l'éclair qui s'échappe,
Et dont la lumière nous frappe.

ELMIRE.

Seigneur, c'est la défendre avec vivacité.

SOLIMAN.

Non, je ne prétends point excuser Roxelane ;
Mais qu'appréhendez-vous? N'êtes-vous pas Sultane ?

ELMIRE.

L'orgueil est satisfait; mais le cœur ne l'est pas.

SOLIMAN.

Il le sera, croyez-en vos appas.

(Soliman aperçoit Roxelane vêtue en vile esclave; elle s'avance à pas lents, en se couvrant le visage.)

Je l'aperçois : elle est dans la tristesse,
Et sa main cache un front humilié.

(A part.)

N'écoutons point un reste de pitié.

SCÈNE IV.

SOLIMAN, ELMIRE, ROXELANE.

SOLIMAN, *à Roxelane.*

Approchez, approchez; voilà votre maîtresse.
(A Elmire.)
Ordonnez de son sort.

ELMIRE.

Je conçois ses regrets;
Elle est assez punie en perdant vos bienfaits.

SOLIMAN.

Ah! que ce sentiment augmente ma tendresse!
Je sors d'une honteuse ivresse.
(Regardant Roxelane.)
Je ne sais par quel art elle m'avait surpris.
De mon égarement, innocente victime,
Votre cœur gémissait; j'en connais mieux le prix.
(Regardant Roxelane.)
Qu'elle soit désormais l'objet de nos mépris.
(A Elmire tendrement.)
Rendez-moi votre amour, et pardonnez mon crime.

ELMIRE.

On n'est point criminel, lorsque l'on est aimé :
(*D'un ton plus bas.*)
Je vous pardonne tout. Mais mon cœur alarmé....

SOLIMAN, *baisant la main d'Elmire, mais regardant toujours Roxelane pour juger de l'état de son ame.*

Il reprend sur le mien un éternel empire.
(*Il examine Roxelane.*)
J'excite ses regrets....

(*Roxelane, pour examiner aussi le Sultan, détourne un peu la main dont elle se couvrait le visage : leurs regards se rencontrent. Roxelane rit, et Soliman marque la plus grande surprise. Ce moment doit faire situation.*)

O ciel! je la vois rire.

ROXELANE, *riant à gorge déployée.*

Ah! ah! ah! ah! Seigneur, vous allez vous fâcher;
Mais, malgré mon respect, je ne puis m'empêcher....

ELMIRE.

Quelle nouvelle insulte!

ROXELANE.

Ah! ah! ah!

SOLIMAN.

Quelle audace!

ROXELANE.

Ah! laissez-moi rire de grâce.
Ah! ah! ah! ah!

COMÉDIE.

SOLIMAN.

Je veux savoir pourquoi....

ROXELANE.

Il se peut qu'Elmire vous aime ;
Mais vous ne l'aimez pas.

SOLIMAN.

Qui donc aimai-je ?

ROXELANE.

Moi.

Je ne suis pas dupe du stratagême.

SOLIMAN.

Vous que je dois punir! qui m'osez outrager !

ROXELANE.

Seigneur, on aime encor, quand on veut se venger.
Si je vous suis indifférente,
Renvoyez-moi ; nous y gagnerons tous.
Déjà je commençais à me trouver contente.
Pourquoi me rappeler? et quelle est votre attente ?
Espérez-vous un sort plus doux ?

SOLIMAN.

Eh bien, préférez l'infamie
A toutes les grandeurs....

ELMIRE.

Laissez ce cœur abject.

(*A Roxelane.*)

Roxelane, sortez ; vous perdez le respect.

ROXELANE.

Fort bien ! c'est parler en amie,
Et je vais éviter votre sublime aspect.
(*Elle veut se retirer ; Soliman l'arrête avec colère.*)

SOLIMAN, *à Roxelane.*

Demeurez ! demeurez.....
(*A Elmire.*)
Eloignez-vous, Elmire.
Je me retiens à peine, et n'ose devant vous
　　Laisser échapper mon courroux.
Je vais l'humilier....

ELMIRE.

　　　　Seigneur, je me retire ;
Mais songez que l'Amour n'a que des fers honteux,
Lorsque le sentiment n'épure point ses feux.

(*A part, en sortant.*)

Si cet indigne objet remporte l'avantage,
　　Il n'est point de terme à ma rage.

SCÈNE V.

SOLIMAN, ROXELANE.

SOLIMAN, *après un temps.*

Si je cédais à mon transport,
Je rendrais ton état plus cruel que la mort;
  Mais je fais grâce à ta faiblesse.
Méprise mes bienfaits, la gloire, ma tendresse;
Ton ame ne sent rien, ne connaît point son tort:
  Loin de gémir dans la tristesse....
  (*Roxelane sourit.*)
    Ah! tu mérites bien ton sort:
    Ton cœur est fait pour la bassesse.

ROXELANE, *fièrement.*

Tu te trompes, Sultan : céder à son malheur,
  Est l'effet d'une ame commune.
  Modeste au sein de la grandeur,
  Tranquille, et fier dans l'infortune,
C'est à ces traits qu'on connaît un grand cœur.

SOLIMAN.

Un grand cœur est fier sans audace :
  Quand le sort a marqué sa place,
  Il cède; et lorsqu'il veut braver,
  Il se rabaisse, au lieu de s'élever.

ROXELANE.

Moi, je ne brave rien ; ce n'est pas mon systême :
　Mais dans les fers, ou sous le diadême,
　　On ne me verra point changer.
Aussi gaie, aussi franche, enfin toujours la même :
Je sais jouir de tout sans craindre le danger :
Mon bonheur n'est jamais dans ce qui m'environne ;
　　Il est en moi : rien ne m'étonne.
Tenez.... Je ris toujours. Eh ! pourquoi s'affliger ?
(*Gaîment.*) Le monde est une comédie ;
　　Malgré l'intérêt que j'y prends,
　　　Je m'en amuse, et j'étudie
　　　Les ridicules différens.
　　Vos grandeurs sont des mascarades ;
　　Jeux d'enfans que tous vos projets ;
Lorsque la toile tombe, empereurs et sujets,
　　Tous sont égaux et camarades.

SOLIMAN.

Achevez, achevez, épuisez les bontés
　　D'un maître que vous irritez.

ROXELANE, *d'un ton plus grave.*

Oui, vous êtes mon maître ; à vous on m'a vendue :
Mais vous a-t-on donné quelque droit sur mon cœur ?
　Et, de mon gré, me suis-je enfin rendue ?
Essayez de me vaincre, employez la rigueur :
　Qui ne craint rien, n'est point dans l'esclavage.

COMÉDIE.

SOLIMAN.

Ah! Roxelane, quelle image!
Me croyez-vous un barbare, un tyran?
Ah! connaissez mieux Soliman :
Il n'abusera point de son pouvoir suprême,
Pour obtenir un cœur à ses vœux refusé;
Allez, ne craignez rien d'un amour méprisé,
Je vous abandonne à vous-même.

ROXELANE.

Que vous dites cela d'un petit air aisé!
(*En minaudant.*)
Venez, venez, on vous pardonne.
En vérité, je suis trop bonne.

SOLIMAN.

Qu'espérez-vous?

ROXELANE.

Vous remettre l'esprit;
Vous guérir de votre faiblesse.
Vos fureurs, vos dédains sont l'effet d'un dépit
Qui prouve encor votre tendresse.
(*Avec sentiment.*)
Vous avez le cœur bon, et cela m'intéresse.

SOLIMAN, *à part.*

Je voulais la confondre, et je reste interdit.
De mes transports elle se rend maîtresse.

(*A Roxelane, avec un peu d'émotion.*)
Il est vrai, je vous chérissais;
Mais à présent....

ROXELANE, *tendrement.*

A présent on m'abhorre.

SOLIMAN.

Oui, je t'aimais, ingrate. O dieux! je t'aime encore.
Je t'aime encore, et je te hais.
Ces mouvemens opposés, que j'ignore....
Mais elle s'attendrit....

ROXELANE.

Je pleure de pitié.
Vous me touchez, et je vois avec peine
Un superbe Empereur qui s'est humilié ;
Qui d'une esclave a fait sa souveraine,
Sans pouvoir à son sort être jamais lié.

SOLIMAN.

Eh! qui m'en empêche?

ROXELANE, *avec sentiment.*

Moi-même.
Vous méritez que l'on vous aime ;
Mais je vous plains d'être Sultan.
A vous parler sans flatterie,
J'eus des amans dans ma patrie,
Qui ne valaient pas Soliman.

SOLIMAN.

Et vous avez aimé?

ROXELANE.

Pourquoi non, je vous prie ?
Croyez-vous que vive, jolie,
Et dans l'âge de plaire, on a jusqu'à présent
Gardé son cœur, ce fardeau si pesant,
Pour qui? Pour le Grand Turc? Mais quelle extravagance!
Je devais prendre patience ;
Je devais vous attendre.

(*En riant.*) Ah! vous êtes plaisant !

SOLIMAN.

Quoi! vous avez aimé! Ciel! j'en aurai vengeance!
Ah! périssent les imposteurs
Qui m'ont trompé, trahi.....

ROXELANE.

Pourquoi donc ces fureurs ?
Ecoutez, écoutez ; ayez la complaisance
D'entendre un peu ma confidence.

SOLIMAN.

Sortez.

ROXELANE.

Vous me rappellerez ;
Car je vois que vous m'adorez.
Ce badinage qui vous pique
Me met au fait.

(*Elle fait deux pas pour se retirer.*)

SOLIMAN, *à part.*

Elle est unique.

(*A Roxelane.*)
Restez.

ROXELANE, *revenant.*

J'avais bien dit. Venez, allez-vous-en,
Restez. En vérité, mon aimable Sultan,
Vous avez la tête tournée.
De ces misères-là je suis fort étonnée :
Où donc est le Grand Soliman,
Qui fait trembler l'Europe, et l'Afrique et l'Asie ?
Une petite fantaisie
Trouble l'esprit d'un Monarque Ottoman.

(*D'un ton ferme, et avec noblesse.*)

A quoi s'occupe ici le plus brave des princes ?
L'Arabe révolté menace tes provinces ;
Cours le punir, laisse gémir l'Amour :
Donne-lui, si tu veux, des soins à ton retour.

SOLIMAN, *à part.*

De quel éclat frappe-t-elle mon ame !
Est-ce un génie, est-ce une femme
Qui me présente le miroir ?

(*A Roxelane.*)

Quel Être êtes-vous donc ?.... Quel Être inconcevable ?...
Tout à la fois frivole et respectable,
Vous séduisez mon cœur, et tracez mon devoir.

ROXELANE, *affectueusement.*

Je ne suis rien que votre amie.

SOLIMAN.

Ah! soyez-la toujours, soyez-la, je vous prie.
Jusqu'à présent on m'a flatté :
Il n'appartient qu'à vous de me faire connaître
Et l'Amour et la vérité ;
Mais que je sois heureux autant que je dois l'être ;
Que votre cœur....

ROXELANE.

Ah! je vous vois venir.
Eh bien, mon cœur ?

SOLIMAN.

Pourrai-je l'obtenir ?
La haine que pour moi vous avez fait paraître....

ROXELANE.

Mais ce n'est pas vous que je hais :
C'est l'abus de votre puissance,
Qui nous tient dans la dépendance ;
Ce sont ces gardiens, si révoltans, si laids,
Supplices des yeux et des ames.

SOLIMAN.

Vous savez que j'ai cinq cents femmes
Qu'ils doivent gouverner.

ROXELANE.

Cinq cents!
Mais, entre nous, cinq cents!.... cela m'étonne.

SOLIMAN.

Ici c'est un usage établi de tout temps ;
Ce sont nos lois, c'est un faste du trône,
Qui sert moins au bonheur qu'à l'orgueil des Sultans.

ROXELANE.

Voilà des lois bien généreuses,
Et cinq cents femmes bien heureuses !
Vous prétendez peut-être encor
Que de votre Hautesse elles soient amoureuses ?
Car vous êtes tout leur trésor.

SOLIMAN.

On les voit à l'envi s'empresser à me plaire.

ROXELANE.

Vraiment, quand on est seul, on devient nécessaire.
Oubliez votre autorité,
Obtenez un cœur de lui-même ;
Vous serez sûr alors que l'on vous aime.
Si vous surmontiez ma fierté,
Vous croiriez qu'en cédant à l'ardeur la plus pure,
J'aimerais par orgueil ou par timidité ;
Je dois m'épargner cette injure :
L'Amour devient suspect, s'il n'a sa liberté.

COMÉDIE.

SOLIMAN.

Oui, je sens que l'Amour veut un juste équilibre.
Roxelane, vous êtes libre.
De mon bonheur décidez à l'instant.

ROXELANE.

Seigneur, ma maîtresse m'attend.

SOLIMAN.

Qui donc?

ROXELANE.

Elmire.

SOLIMAN.

Ah! soyez son égale.

ROXELANE.

Vous m'avez soumise à sa loi.

SOLIMAN.

Entr'elle et vous il n'est plus d'intervalle :
Vous êtes libre, et je prends tout sur moi.

ROXELANE, *du ton de la reconnaissance et du sentiment le plus tendre.*

Seigneur, tant de bonté me touche :
Jamais mon cœur ne suffira....
Souffrez que je m'éloigne.... Osmin vous apprendra
Ce que n'ose dire ma bouche.

(*Elle sort.*)

SCÈNE VI.

SOLIMAN, OSMIN.

SOLIMAN *appelle Osmin.*

Osmin. (*A part.*) Enfin ce cœur farouche
De quelqu'espoir flatte mes vœux.
(*A Osmin.*)
Enfin, mon cher Osmin, tu me verras heureux.

OSMIN.

Oui, Seigneur, la sultane Elmire....

SOLIMAN.

Roxelane a sa liberté :
Je l'aime, j'obtiendrai le bien que je désire.
Conçois-tu ma félicité ?
Cet amour pur, né de l'égalité,
Que réciproquement l'un à l'autre on s'inspire ;
Ce bien que j'ignorais, te l'imagines-tu ?

OSMIN, *en soupirant.*

Non, Seigneur.

SOLIMAN.

Ne crois pas que ce soit le caprice
Qui m'entraîne vers elle : Osmin, c'est la justice,

C'est la raison, c'est la vertu.
N'examinons plus rien ; je l'aime.
Avant de la connaître, une sombre langueur,
Au milieu des plaisirs, engourdissait mon cœur :
Je jouissais de tout, sans jouir de moi-même.
Que dis-je ? rien ne pouvait me charmer.
L'indifférence est le sommeil de l'ame :
Un feu triste et couvert cherchait à s'animer ;
Roxelane paraît, elle y donne la flamme :
Je lui dois le bonheur d'aimer.

OSMIN.

Pauvre Elmire !

SOLIMAN.

Elle aura toujours même avantage :
Nos lois admettent le partage.
Roxelane t'attend : c'est pour te confirmer
Un doux aveu qui de mon sort décide,
Un aveu que j'ai lu dans son regard timide,
Et que sa bouche a craint de m'exprimer.
Va, cours ; de mon bonheur tu viendras m'informer.

SCÈNE VII.

SOLIMAN, UN MUET, *qui présente à genoux une lettre de la part d'Elmire.*

SOLIMAN.

Qu'est-ce ? C'est de la part de la Sultane Elmire.
Lisons ; que peut-elle m'écrire ?
Je sens qu'elle doit s'alarmer.

(*Il lit.*)

Sultan, ta parole est sacrée ;
Roxelane est à moi, je puis en disposer ;
Je venge ton pouvoir, qu'on ose mépriser :
   Une Saïque * préparée,*
Pour jamais, à l'instant éloigne de ces lieux
   L'esclave que tu m'as livrée.
Tu ne reverras plus un objet odieux,
   Et je t'épargne ses adieux.

(*Après avoir lu, il frappe des mains : à ce signal, les Noirs, les Muets et les Bostangis paraissent, reçoivent ses ordres, et courent les exécuter.*)

---

* Navire turc.

Noirs, Muets, Bostangis, il y va de la tête :
Qu'on cherche Roxelane ; allez, et qu'on l'arrête.
Je ne la verrai plus ! Ah ! quelle trahison !
 Je suis juste, Elmire a raison ;
J'ai donné Roxelane.... Ah! trop barbare Elmire,
 S'il faut vous payer sa rançon,
Prenez tous mes trésors et tous ceux de l'empire ;
 Mais j'exige sa liberté.

(*Au Muet qui lui a apporté la lettre d'Elmire.*)

 Annonce-lui ma volonté.

SCÈNE VIII.

SOLIMAN, OSMIN.

SOLIMAN, *à Osmin.*

Osmin, je t'attendais avec impatience :
Viens-tu rendre le calme à mon cœur agité ?
Te suit-elle ?

OSMIN.

 Seigneur, elle m'a protesté
Que le respect, l'estime et la reconnaissance....

SOLIMAN.

Ah! c'est trop peu,.... trop peu....

OSMIN.

Donnez-vous patience:
J'ai vu couler ses pleurs, et j'en suis pénétré.
Elle vous aime.

SOLIMAN.

O flatteuse espérance !

OSMIN.

Elle s'embarque pour la France.

SOLIMAN.

Elle s'embarque !.... Ciel ! je suis désespéré.
Courons.

OSMIN.

Rassurez-vous, Seigneur, on vous l'amène.

SCÈNE XI.

SOLIMAN, ROXELANE.

SOLIMAN.

Roxelane, venez ; vous me tirez de peine.
Elmire osait....

ROXELANE.

Seigneur, ne la condamnez point.
Il est tout naturel que votre favorite
Cherche à se conserver un rang qu'elle mérite ;
Nous étions d'accord sur ce point :

Je la priais avec instance
De me sauver, de hâter mon départ,
De ne souffrir aucun retard.
C'est ma faute.

SOLIMAN.

Et voilà quelle est ma récompense !....

ROXELANE.

De quoi vous plaignez-vous ? Ai-je ma liberté ?
S'il ne faut pas que j'en jouisse....

SOLIMAN.

Mais enfin, je m'étais flatté....

ROXELANE.

J'entends ; vous exigez le prix de ce service.
C'est pour son intérêt que l'on est généreux.
Voilà les hommes.

SOLIMAN.

Mais le sort le plus heureux,
Les honneurs du sérail....

ROXELANE.

Moi, que je m'avilisse
Jusqu'à les recevoir ! ils ne sont pas pour moi ;
Quel titre aurais-je ici, pour y donner la loi ?

SOLIMAN.

Ainsi, mon amour, ma puissance,
N'ont rien qui soit digne de vous.

ROXELANE, *avec trouble, embarras et tendresse.*

Non... laissez-moi vous fuir... peut-être que l'absence...
Nous pourrons, vous et moi, jouir d'un sort plus doux.
Je vous crains, je me crains moi-même.

SOLIMAN.

Je ne vous comprends pas.

ROXELANE, *à part.*

Mon cœur est oppressé.

SOLIMAN.

Achevez....

ROXELANE.

Eh bien, quoi? Quelle rigueur extrême!
Quand vous saurez que l'on vous aime,
En serez-vous plus avancé?

SOLIMAN.

Quoi! vous m'aimez?

ROXELANE.

Laissez-moi.

SOLIMAN.

Roxelane,
Vous m'aimez?

ROXELANE.

Oui, mais n'en espérez rien.
Maîtresse d'un penchant que ma fierté condamne,
Allez, j'y remédierai bien.

COMÉDIE.

SOLIMAN.

M'aimer, me fuir; mais quelle inconséquence?

ROXELANE.

L'amour aime la liberté :
Il veut encor l'égalité ;
Votre pouvoir emporte la balance.
Mon très-auguste souverain
Me prendrait aujourd'hui pour me quitter demain.
Oh! je dois m'assurer contre son inconstance ;
Il ne m'obtiendra point sans être mon époux.

SOLIMAN.

Quoi! Roxelane, y pensez-vous?

ROXELANE.

Si mon amant n'avait qu'une chaumière,
Je voudrais partager sa chaumière avec lui :
Je soulagerais sa misère ;
Je le consolerais, je serais son appui ;
L'offre même d'une couronne
Ne me ferait jamais changer de sentiment.
Mais mon amant possède un trône,
Si je ne le partage, il n'est pas mon amant.

SOLIMAN.

Vous me jetez dans un étonnement!....

ROXELANE.

Je n'ai point l'orgueil téméraire
De vous prescrire aucune loi :
Vos grandeurs ne sont rien; mais ma gloire m'est chère.

Vous aimer en esclave est un affront pour moi.

   Si vous ne me trouvez pas digne
De régner sur vos Turcs, j'en ai peu de souci.
Je ne désire point cette faveur insigne.
   Dans mon pays je serai mieux qu'ici :
Toute femme jolie, en France, est souveraine.
   De grâce, laissez-moi partir.
  Je l'avouerai, je vous quitte avec peine ;
Mais il le faut : adieu.

SOLIMAN.

              Pourrais-je y consentir ?
S'il dépendait de moi, Roxelane, je jure....

ROXELANE.

C'est une mauvaise raison.

SOLIMAN.

Peut-être avec le temps....

ROXELANE.

                          Non, non.
De mon sort je veux être sûre :
Que je sois votre épouse, ou bien vous me perdez ;
   J'ai pris mon parti. Décidez.

SOLIMAN.

Mais un Sultan....

ROXELANE.

Peut tout.

COMÉDIE.

SOLIMAN.

Mais nos lois....

ROXELANE.

Je m'en moque.

SOLIMAN.

Le Muphti, le Visir, l'Aga....

ROXELANE.

Qu'on les révoque.

SOLIMAN.

Mon peuple....

ROXELANE.

A-t-il le droit de gêner votre cœur ?
Vous le rendez heureux ; il vous défend de l'être !
Est-ce à lui de borner les désirs de son maître,
De lui marquer le degré du bonheur ?
Épouse d'un Sultan, une femme estimable,
Qui fait asseoir la tendre humanité
A côté de la majesté,
Qui tend à l'infortune une main secourable,
Adoucit la rigueur des lois,
Protège l'innocence, et lui prête sa voix,
Aux yeux de ses sujets le rend-t-elle coupable ?
Sans cesse, avec activité,
Elle étudie, elle remarque
Ce qui nuit, ce qui sert à votre autorité ;
Vous présente la vérité,
Le premier besoin d'un monarque :

En la montrant dans tout son jour,
Elle sait l'embellir des roses de l'amour.
Eh! quel autre aurait le courage
D'en offrir seulement l'image?
Est-ce un courtisan toujours faux,
Qui ne trouve son avantage
Qu'à vous tromper, qu'à flatter vos défauts?
Une compagne qui vous aime,
A vous rendre parfait, fait consister le sien.
Les vertus d'un époux deviennent notre bien,
Et sa gloire est la nôtre même.

SOLIMAN.

Que le sérail se rassemble à ma voix.
C'en est assez, ma crainte cesse,
Et mon amour n'est plus une foiblesse;
Vous êtes digne de mon choix.

SCÈNE X, et dernière.

SOLIMAN, ROXELANE, OSMIN, *Esclaves du Sérail de l'un et de l'autre sexe, avec les officiers.*

OSMIN.

Seigneur, eh vîte! eh vîte!

SOLIMAN.

Qu'est-ce donc?

OSMIN.

La Sultane, en proie à ses chagrins....

SOLIMAN.

Eh bien ?

OSMIN.

A l'instant prend la fuite.
Elle part.

SOLIMAN.

Elle part?....

OSMIN.

Oui, Seigneur.

SOLIMAN.

Je la plains.
Aly-Mahmout, accompagnez Elmire,
Et comblez-la de mes bienfaits.

(*A Osmin.*)

Toi, dont la voix annonce mes décrets,
Fais assembler les Ordres de l'Empire :
Informe les visirs, déclare à mes sujets,
Que j'associe une épouse à mon trône ;
Qu'en ce jour Roxelane, en comblant mes souhaits,
Va recevoir ma main et ma couronne.
S'ils osaient murmurer, dis-leur que je le veux.

(*A Roxelane.*)

Ils vivront sous vos lois, ils seront trop heureux.
Vous m'enseignez la douceur, la clémence ;
Et d'une équitable puissance,
Ce n'est que d'aujourd'hui que je suis revêtu.
D'un souverain le règne ne commence
Que du moment qu'il connaît la vertu.

ROXELANE.

Sultan, j'ai pénétré ton ame;
J'en ai démêlé les ressorts.
Elle est grande, elle est fière, et la gloire l'enflamme.
Tant de vertus excitent mes transports.
A ton tour, tu vas me connaître :
Je t'aime, Soliman; mais tu l'as mérité.
Reprends tes droits, reprends ma liberté ;
Sois mon Sultan, mon Héros et mon Maître.
Tu me soupçonnerais d'injuste vanité.
Va, ne fais rien que ta loi n'autorise :

Il est des préjugés qu'on ne doit point trahir ;
Et je veux un amant qui n'ait point à rougir :
Tu vois dans Roxelane une esclave soumise.

SOLIMAN.

Par de tels sentimens le trône vous est dû.
(*Aux officiers et aux femmes du sérail.*)
O vous ! d'un si doux hyménée
Célébrez l'heureuse journée.

ROXELANE.

S'il m'est permis d'user du pouvoir absolu,
Pour la rendre plus signalée,
Aux femmes du Sérail je donne la volée.

SOLIMAN, *en lui présentant la main.*

J'y consens.

OSMIN.

Me voilà cassé.
Ah ! qui jamais aurait pu dire
Que ce petit nez retroussé
Changerait les lois d'un empire !....

DIVERTISSEMENT.

Le Théâtre représente une salle du Sérail superbement ornée. Soliman et Roxelane sont assis sur un trône ; tous les officiers du Sérail et les principaux de l'Empire viennent leur rendre hommage. Le Muphti chante ces paroles :

ARIETTE.

O Mahomet ! prends soin des destinées
 Du plus grand des Sultans :
 Que le nombre de ses années
 Soit égal aux fleurs du printemps ;
Mahomet ! Mahomet ! prends soin des destinées
 Du plus grand des Sultans.
 Armé du glaive de la guerre,
Qu'il soit des Musulmans le héros et l'appui ;
Qu'il marche sur les vents, qu'il souffle le tonnerre.
  Que la terre
 Tremble et se taise devant lui.
Mahomet ! etc.

 Mais pour un peuple qui l'adore,
 Qu'il paraisse comme l'aurore ;
 Qu'il fasse régner les zéphirs,
 Et que le char de la victoire,
 Eclatant du feu de sa gloire,
 Le ramène au sein des plaisirs.
Mahomet ! etc.

DANSE DES DERVICHES.

Ils commencent sur un air lent et mesuré au son de leurs tambours longs et de leurs flûtes : ensuite ils tournent sur un air plus vif, jusqu'à ce qu'ils tombent en extase.

LE MUPHTI.

ARIETTE.

Hâtez-vous, ardente jeunesse;
Accourez, élèves de Mars,
Disputer de force et d'adresse;
De Soliman méritez les regards.

(*Aux femmes du sérail.*)

Du sérail brillantes étoiles,
Jouissez de la liberté.
Pour animer leurs jeux, laissez tomber ces voiles
Qui font injure à la beauté.
Charmantes rivales des Grâces,
Devenez le prix des vainqueurs;
Lancez la flamme dans les cœurs;
Que les plaisirs voltigent sur vos traces.

UNE ODALISQUE ET UN OFFICIER.

DUO.

Heureux vainqueurs, faites un choix;
L'amour nous soumet à vos loix.
Il est doux, après la victoire,
D'être couronné par l'amour.
Mais apprenez, en ce jour,
Qu'en unissant les plaisirs et la gloire,
Ils doivent régner tour à tour.
Heureux vainqueurs, etc.

LE MUPHTI, à *Roxelane.*

ARIETTE.

Fleur du printemps,
O Reine de beauté,
Tu pares les jardins de la félicité.

Le parfum de ton ame est monté vers le trône
De l'invincible Soliman.
Que ta douceur nous environne,
Comme les odeurs du Liban.

(*Les derviches se relèvent pour reprendre leur danse.*)

LE MUPHTI, à *Roxelane.*

ARIETTE.

Etoile étincelante,
Lumière de l'Amour,
Que ta clarté naissante
Nous annonce un beau jour !
Du vainqueur de la terre
Partage la grandeur :
C'est l'astre de la guerre ;
Sois l'astre du bonheur.

Les Odalisques et les esclaves du sérail, de l'un et de l'autre sexe, forment plusieurs danses variées.

Entrée de baladins et baladines turcs. Ils exécutent une pantomime selon la coutume du pays.

Proclamation et couronnement de Roxelane.

Contredanse générale, pendant laquelle les Francs chantent :

Vivir, vivir Sultana ;
Vivir, vivir Roxelana.

ET LES TURCS.

	Sens des paroles turques.
Eyuvallah, Eyuvallah,	Gloire, gloire, félicité,
Salem alekim,	Salut, salut, honneur, honneur,
Sultan Zilullah,	A notre sublime Empereur,
Soliman Padichaïm,	A Soliman, miroir de la divinité,
Eyuvallah, Eyuvallah,	Salut, gloire, félicité.

FIN.

LES RÊVERIES

RENOUVELÉES

DES GRECS,

PARODIE EN TROIS ACTES

D'IPHIGÉNIE EN TAURIDE.

Représentée pour la première fois par les Comédiens Italiens ordinaires du Roi, le samedi 26 juin 1779.

ACTEURS.

IPHIGÉNIE, grande Prêtresse de Diane.
ORESTE, frère d'Iphigénie.
PILADE, ami d'Oreste.
THOAS, roi de la Tauride.
UN MINISTRE du temple.
Ire PRÊTRESSE.
IIe PRÊTRESSE.
UN SCYTHE.
AUTRE SCYTHE.
UNE FURIE.
PRÊTRESSES.
EUMÉNIDES ET DÉMONS.
SCYTHES.
GARDES ET SOLDATS DE THOAS.
GRECS de la suite de PILADE.

La Scène est en Tauride.

LES RÊVERIES
RENOUVELÉES
DES GRECS.

ACTE PREMIER.

Le Théâtre représente un péristyle ouvert de toutes parts. On voit la mer et le ciel à travers la colonnade du fond. La scène commence par une tempête. On voit dans l'éloignement un vaisseau battu des flots, et plus près une petite chaloupe dans laquelle sont Oreste et Pilade ; ces deux objets ne font que traverser le théâtre.

SCÈNE PREMIÈRE.

IPHIGÉNIE, LES PRÊTRESSES.

Les prêtresses entrent successivement pour se sauver de l'orage.

Chœur des prêtresses, tant celles qui arrivent, que celles qu'on ne voit pas encore.

AIR *des Bossus.*

Il pleut, il grêle, ah ! grands Dieux, quels éclairs !
La foudre éclate, elle embrase les airs.

DEUX PRÊTRESSES.

Ah! de frayeur
J'ai le cœur
Tout transi.

DEUX AUTRES PRÊTRESSES.

Fuyons, fuyons, mettons-nous à l'abri.

TOUTES LES PRÊTRESSES.

Entrons au temple, on sera mieux qu'ici.

IPHIGÉNIE.

Non, non, j'ai mes raisons pour rester en ces lieux.
Laissez-moi contempler ce funeste rivage ;
Cette mer agitée et ces vents furieux,
Du trouble de mes sens représentent l'image.
Pendant que l'on verra ce tableau curieux,
Implorez avec moi l'assistance des Dieux.

AIR: *Jusques dans la moindre chose.*

Juste Ciel! que ta clémence
Adoucisse nos destins!
Des coupables prends vengeance ;
Mais rends nos jours plus sereins.

(*Le chœur répète avec elle ces quatre vers.*)

Juste Ciel! etc.

IPHIGÉNIE.

Vers les Dieux, en assurance,
Levons nos sanglantes mains;
Nous vivons dans l'innocence,
En égorgeant les humains.

(*Le chœur répète encore avec elle ces derniers vers.*)

IPHIGÉNIE.

Ah Dieux! pourquoi faut-il, barbares que nous sommes,
Contre nos intérêts, sacrifier les hommes?
Devais-je me prêter à cette cruauté,
Moi qui de si bon cœur chéris l'humanité?

Iʳᵉ PRÊTRESSE.

Il fallait supposer, dans l'emploi qu'on vous donne,
Que vous n'aviez encor sacrifié personne;
Peut-on être touché du sort d'une beauté
Qui plonge dans les cœurs son bras ensanglanté?
On aurait pu sauver cette image effrayante,
Vous en auriez été bien plus intéressante.

IPHIGÉNIE.

Diane! devais-tu me transporter ainsi,
Pour me faire jouer un pareil rôle ici?
Je n'ai pas le cœur fait pour dépeupler le monde.
Un songe met le comble à ma douleur profonde.

Iʳᵉ PRÊTRESSE.

Qu'avez-vous donc rêvé? Cela doit être beau.

IPHIGÉNIE.

Ce que je vous dirais ne serait pas nouveau.

IIᵉ PRÊTRESSE.

Je crois aux rêves, moi : tous ne sont pas mensonges.

IPHIGÉNIE.

Vous trouverez le mien dans l'Almanach des Songes.

Éclairs, mugissemens, spectres, pâles flambeaux,
Gémissemens, terreur, lieux funèbres, tombeaux,
Horreur, bruit souterrain, la terre qui s'entrouvre,
Un fantôme sortant de l'enfer qu'on découvre,
Abîme, accens plaintifs, poignards, lambeaux sanglans,
Ombre, crime, remords, effroi, genoux tremblans,
Autel, temple, cyprès, coupable encens, idole,
Ou père, ou mère, ou sœur, ou frère qu'on immole :
Voilà quel est mon songe ; et l'on reconnaît-là
L'histoire de tous ceux que l'on a faits déjà.

Iʳᵉ PRÊTRESSE.

Racontez-nous le vôtre, auguste Iphigénie :
Il nous amusera.

IPHIGÉNIE.

Je cède à votre envie.

AIR : *Nous avons une terrasse.*

J'étais dans mon lit tranquille,
Goûtant le repos,
Dans l'oubli de mes maux ;
Le doux souvenir d'Achille
M'offrait d'agréables tableaux.

AIR : *Ho! ho! ho!*

J'entends marcher à grands pas.

CHŒUR DE PRÊTRESSES, *en levant ensemble les bras au ciel.*

Ah ! ah !

IPHIGÉNIE.

La frayeur me rend muette ;
Je m'enfonce dans mes draps.

LE CHŒUR, (*comme ci-dessus.*)

Ah! ah!

IPHIGÉNIE.

Je sens trembler ma couchette;
Mes rideaux
Du bas en haut se déchirent;
Par les pieds, deux mains me tirent,
Plus froides que des carreaux.

LE CHŒUR, (*de même qu'auparavant, et plus d'effroi.*)

Oh! oh! oh! oh!...

IPHIGÉNIE.

(Suite de l'Air: *J'étais dans mon lit*, etc.)

J'entends une voix sépulcrale,
Qui perce la voûte infernale;
J'entends qu'on m'appelle tout bas.

CHŒUR: (*Fragmens d'un autre Air.*)

Ah! Dieux! hélas!

IPHIGÉNIE.

(Majeur de l'Air: *J'étais dans mon lit.*)

Au même instant, quel horrible fracas!
La foudre éclate, elle ébranle la terre;
Le noir abîme est ouvert sous mes pas,
Je crois entendre les cris de Cerbère.
De ces lieux sombres
Sortent des ombres.

(*Aux Prêtresses qui l'approchent de trop près.*)

Mais, mais, ne me serrez donc pas.

(*Elle continue.*)

Je vois mon père,
Je vois ma mère,
Je vois Mégère,
Poursuivre mon frère.

LES RÊVERIES

Air: *Il était une fille.*

Je vois un beau jeune homme,
Plaintif, chargé de fers;
Je cours à lui les bras ouverts.
Hélas! savez-vous comme
Je sers ce pauvre humain?
Le poignard à la main.
Hein?

(*Après le songe, les Prêtresses, épouvantées, se disent l'une à l'autre.*)

Fin de l'Air: *Hélas! ma sœur, je tremble.* (Dans les Nymphes de Diane.)

Ah! ma sœur!
Ah! ma sœur!
Quel songe plein d'horreur!
Je meurs de peur.
Je meurs de peur.

IPHIGÉNIE.

Air *des Trembleurs.*

Quel présage redoutable!

UNE PRÊTRESSE.

Rien n'est plus épouvantable,
Tuer un jeune homme aimable.

IPHIGÉNIE.

Ah! ce n'était qu'en dormant.

Iʳᵉ PRÊTRESSE.

Des sens un songe est l'ivresse;
En veillant, sage prêtresse,
Votre cœur plein de tendresse
Eût agi différemment.

IPHIGÉNIE.

Air: *On me disait souvent qu'en,* etc.

Pressentiment funeste!
Mon pauvre frère est mort.
Mon pauvre frère est mort.

RENOUVELÉES DES GRECS.

IPHIGÉNIE.	LES PRÊTRESSES.
Ce songe me l'atteste;	*Excepté la première.*
Un songe n'a pas tort :	
Oreste est mort,	Oreste est mort,
Oreste est mort,	Oreste est mort,
Pleurez son sort,	Pleurez son sort,
Pleurez son sort.	Pleurez son sort.

IPHIGÉNIE.	Ire PRÊTRESSE.
Ce songe me l'atteste ;	Non, la bonté céleste
Mon pauvre frère est mort :	Prendra soin de son sort :
Un songe n'a pas tort.	Souvent un songe a tort.

TOUTES LES AUTRES PRÊTRESSES.

(*Pendant qu'Iphigénie chante les deux derniers vers.*)

Le pauvre Oreste est mort ;
Pleurons, pleurons son sort.

UNE PRÊTRESSE.

Le roi vient.

IPHIGÉNIE.

Que nous veut le farouche Thoas ?
Dans ses yeux effarés je vois de l'embarras.

SCÈNE II.

IPHIGÉNIE, LES PRÊTRESSES, THOAS, SCYTHES.

THOAS.

Partout j'entends gémir; la frayeur nous rassemble.
Si je viens vous trouver, c'est parce que je tremble,
Prêtresse.

IPHIGÉNIE.

A ce mal-là vous êtes fort sujet.

THOAS.

Oui, du courroux du ciel, pourquoi suis-je l'objet?
Je le sers avec zèle : au gré de ses demandes,
Lorsque des étrangers osent nous approcher,
Je lui fais de leur sang d'agréables offrandes.

IPHIGÉNIE, à part.

Barbare!

THOAS.

Ainsi, les Dieux ont tort de se fâcher.

IPHIGÉNIE.

Mais pourquoi vous livrer à des terreurs si grandes?

THOAS.

Mes jours sont menacés : un devin m'a prédit
Que si des étrangers jetés sur nos rivages,
J'en épargnais un seul, j'étais mort.

IPHIGÉNIE, *à part.*

Pauvre esprit !
Il se moquait de vous.

THOAS.

Non, j'en crois ces présages ;
Et tout avec raison m'inspire de l'effroi,
Dans le fond de mon cœur.....

Fragment d'un air de la Servante Maîtresse.

Certaine voix secrète
Répète, répète :
Thoas, prends garde à toi,
Songe à toi.

AIR : *Mes chers amis, pourriez-vous m'enseigner.*

Au moindre bruit,
Et le jour et la nuit,
Mon ame éprouve des secousses.
Oh ! je m'y perds.....
Je dors les yeux ouverts,
Je crois voir l'enfer à mes trousses :
Ah ! c'en est trop, ma foi ;
A tout moment je croi
Toucher à mon heure dernière.
Ceci passe le jeu,
Morbleu !
A-t-on bientôt fini,
Jarni !
De me tourmenter de la manière ?

IPHIGÉNIE, *ironiquement.*

Ah ! les Dieux ont grand tort.

THOAS.

Apaisez leur courroux ;
Conservez-moi la vie, ou je m'en prends à vous.

SCÈNE III.

LES PRÉCÉDENS, PEUPLE, UN SCYTHE.

LE SCYTHE, *avec le Peuple.*

AIR : *Allons, gai, réjouissons-nous.*

Allons, gai, réjouissez-vous,
 Tout va bien pour nous.

LE SCYTHE, *seul.*

Deux étrangers par la tempête
 Sont jetés au port :
 Rendez grâce au sort.
On les surprend, on les arrête ;
Allons, gai, réjouissons-nous :
 Ah ! pour nous quelle fête !
Allons, gai, réjouissons-nous,
 Et faisons les fous.

TOUT LE CHŒUR.

Allons, gai, réjouissons-nous, etc.

IPHIGÉNIE.

Quels sont ces malheureux ?

LE SCYTHE.

                        Deux mauvais garnemens.
L'un d'eux a l'air sournois, l'autre n'aime qu'à mordre :
On voit dans ses discours un esprit en désordre ;
Je le crois querelleur ; il fait à tous momens
Aux hommes, comme aux Dieux, de vilains complimens.
J'ai remarqué surtout qu'au fort de sa colère,
Bien souvent il s'écrie : *Hélas ! ma chère mère !*
On dit que les démons, sans cesse autour de lui,
Le frappent de serpens pour le rendre poli.

      IPHIGÉNIE.

Sont-ils jeunes ?

      LE SCYTHE.

Beaucoup.

      IPHIGÉNIE.

                        Leur mort me désespère.

      THOAS.

Allons, Prêtresse, allons, il faut nous en défaire ;
C'est le plus sûr moyen d'éviter le danger.

      IPHIGÉNIE.

D'un si cruel emploi daignez me dégager.
Deux malheureux captifs, seuls, sans secours, sans armes?
Peuvent-ils à ce point vous causer des alarmes ?

      THOAS.

Je suis né défiant ; cependant vous verrez
Si j'empêcherai rien de ce que vous ferez.

Vous pourrez me tromper sans avoir de l'adresse ;
Je ne reparaîtrai que pour finir la pièce.
Retirez-vous.

IPHIGÉNIE.

Pourquoi ?

THOAS.

C'est qu'à vous parler net,
J'ai besoin de ces lieux pour donner un ballet.

SCÈNE IV.

THOAS, LE PEUPLE.

THOAS.

Peuple, amusez les Dieux par de joyeux hommages ;
Exécutez ici la danse des Sauvages ;
Pour éviter l'ennui de l'uniformité,
Cette fois seulement appelons la gaîté,
Et que le *Calinda*, joint *aux Branbransonettes*,
Témoigne les transports de la joie où vous êtes.

DIVERTISSEMENT.

LE SCYTHE, à *Thoas*.

AIR : *Ah ! il n'est point de fêtes*, etc.

Faudra-t-il danser sans femmes ?

THOAS.

Eh bien ! faites-en venir.

LE SCYTHE.

Venez donc, venez, Mesdames,
Augmenter notre plaisir ;
Il serait trop mal-honnête
De mépriser vos appas.
Ah !
Il n'est point de fête
Si vous n'en êtes pas.

(*Les femmes arrivent, et l'on danse.*)

SCÈNE V.

LES PRÉCÉDENS, ORESTE, PILADE.

LE SCYTHE, *à Thoas.*

Voici ces étrangers, Seigneur, qu'on vous amène.

THOAS.

Je crois m'apercevoir qu'ils ont l'humeur hautaine.

AIR : *Allemande de Nicolas.*

Quel air audacieux !....
A leurs yeux,
Je les crois furieux.
Que veniez-vous tous deux
Chercher dans les États
De Thoas ?

PILADE.

C'est le secret des Dieux ;
Tu ne le sauras pas.

LES RÊVERIES

THOAS, *à Pilade.*

Quel discours arrogant!
Insolent,
Parlez plus poliment;
Je donne ici la loi :
Je suis Roi.

PILADE.

Eh bien, tant pis pour toi.

THOAS.

Ah! tremblez, malheureux!

PILADE.

Nous bravons le trépas.

THOAS.

En ce cas,
Dès aujourd'hui, tous deux
Vous sauterez le pas.

ORESTE, *bas à Pilade.*

C'est fort mal t'annoncer : à ces mots téméraires,
On te prendrait pour moi; gardons nos caractères.

THOAS.

Leurs regards me font peur, mes sens épouvantés....
Holà! Gardes.... voyez s'ils sont bien garottés.

LE SCYTHE.

Oh! je vous en réponds.

THOAS.

Leur présence me gêne;
Pour m'en débarrasser, qu'au temple on les entraîne.
(*Le Divertissement continue, et finit par des couplets sur l'air* R'lan tanplan tirelire.)

Air: *Eh! r'lan tanplan tirelire.*

On va leur percer le flanc,
Eh, flin, flan, r'lan tanplan, tirelire en plan,
On va leur percer le flanc,
Ah! que nous allons rire!
Ah! que nous allons rire!
R'lan tanplan tirelire!
Que le ciel sera content,
En plein, plan, r'lan tanplan, tirelire en plan,
Que le ciel sera content,
On fait ce qu'il désire.
On fait ce qu'il désire,
R'lan tanplan tirelire;
Pour lui plaire il faut du sang,
En plein, plan, r'lan tanplan, tirelire en plan,
Pour lui plaire il faut du sang :
C'est l'encens qu'il respire.
C'est l'encens qu'il respire,
R'lan tanplan tirelire;
Et c'est de là que dépend,
En plein, plan, r'lan tanplan, tirelire en plan,
Et c'est de là que dépend
Le salut de l'Empire.

FIN DU PREMIER ACTE.

ACTE II.

(Le Théâtre représente un Temple souterrain, qui a l'air d'une Prison; au milieu est un Autel rustique, devant lequel est un lit de repos.)

SCÈNE PREMIÈRE.

ORESTE ET PILADE.

(Oreste s'avance tristement; Pilade le suit à une certaine distance, en l'observant avec pitié.

ORESTE, à part.

Je deviens furieux, Destin, quand je te nomme!
Tu ne fais qu'un coquin souvent d'un honnête homme:
Mon exemple en fournit une affreuse leçon:
Je suis un misérable, et suis né bon garçon;
Je suis doux, et souvent je me mets en colère;
J'adore mes parens, et j'ai battu ma mère.
Je cours les champs, portant dans mon cœur le remords,
Et je rencontre un chien enragé qui me mord;
Je le deviens moi-même, et répands l'épouvante.
Pilade d'une humeur sensible et complaisante,

Veut bien m'aimer malgré ce petit défaut-là ;
Mais les Destins maudits n'approuvent pas cela :
Par l'ordre d'Apollon je viens sur ce rivage,
Je traverse les mers pour avoir une image ;
Mon ami, sans prévoir l'état où nous voilà,
Par intérêt pour moi veut être du voyage.
Il me suit, nous trouvons la mort en arrivant :
Mon infortune, ô Ciel ! t'amuse trop souvent.

####### PILADE.

Toujours triste et pensif, tu parles sans rien dire.

####### ORESTE.

C'est peu que sous mes coups ma chère mère expire,
Je t'ai donné la mort.

####### PILADE.

Mais je me porte bien.

####### ORESTE.

Mais nous allons mourir.

####### PILADE.

Tant mieux, ce n'est qu'un rien ;
Les Dieux appaiseront alors leur barbarie.

Air : *Monsieur de la Palisse.*

> Tu n'auras plus de remords,
> Ta peine sera finie ;
> Sitôt que nous serons morts,
> Nous ne serons plus en vie.

Je mourrai près de toi.

####### ORESTE.

Tu me consoles bien.

PILADE.

AIR : *Je le compare avec Louis.*

Sur les meilleurs de tes amis,
J'avais toujours la préférence :
Dans tous les jeux de ton enfance
Pilade était toujours admis.
Quand par les goûts on se ressemble,
Quand par les goûts on se ressemble,
Qu'il est doux, qu'il est doux, de jouer ensemble,
De jouer ensemble.

Depuis ce temps tu veux courir,
Je n'ai point cessé de te suivre.
Ah! lorsqu'ensemble on aime à vivre,
Il ne faut point se désunir.
Mon cher Oreste, que t'en semble;
Mon cher Oreste, que t'en semble;
C'est bien doux, c'est bien doux, de mourir ensemble,
De mourir ensemble.

SCÈNE II.

ORESTE, PILADE, UN MINISTE DU TEMPLE.

LE MINISTRE.

Il faut vous séparer. (*à Pilade.*) Allons, vous, suivez-moi.

ORESTE.

Quel est donc ce faquin, pour nous faire la loi?

LE MINISTRE.

Respectez-moi, je suis le Ministre du Temple.

PILADE.

Tes Prêtresses, Diane, ont donc un Desservant?

LE MINISTRE.

J'ai ce suprême honneur, mon district et fort ample;
Mais point tant de propos : allons, marche devant.

ORESTE.

Cher ami, je te perds!.... Qu'ensemble on nous assomme.

PILADE.

C'est ce que je désire.

LE MINISTRE, *tirant Pilade à part.*

Ecoute-moi, jeune homme.
Ton camarade est fou.

PILADE.

Vraiment je le sais bien.

LE MINISTRE.

Avant de le tuer laissons-lui faire un somme.
Oh! nous avons des cœurs pitoyables.

PILADE.

Fort bien.

LE MINISTRE.

Il doit dormir ici ; ce siége te l'annonce.

ORESTE, *(toujours plongé dans sa rêverie.)*

Ciel!

PILADE.

A cette raison, je n'ai pas de réponse.

LE MINISTRE.

Vous allez vous revoir; après, selon vos vœux,
Vous aurez le plaisir de mourir tous les deux.

PILADE, au Ministre.

Vous êtes obligeant. (*A Oreste.*) Adieu.

ORESTE.

Monstres sauvages!....

SCÈNE III.

ORESTE, seul.

Il va mourir pour moi..... Cruels Anthropophages!
Dans le même tombeau puissiez-vous m'engloutir;
Mais quel calme imprévu... je me sens assoupir;
Je ne suis pas le seul... qui dans son infortune
S'abandonne au sommeil sans espérance aucune.

AIR: *Dodo, l'enfant do.*

Après m'avoir fait endurer
Tout ce qu'il est de plus funeste,
Les Dieux laissent donc respirer
Le triste et malheureux Oreste:
(*Il baille.*) Ah! je vois là fort à propos,
Pour dormir un lit de repos;
Dormons un moment:
C'est un petit soulagement.

SCÈNE IV.

ORESTE, LES FURIES.

UNE FURIE.

Il est temps d'approcher, il dort profondément.
Venez, songes d'Athis, venez, troupe funeste
Pour mieux le tourmenter, dansez autour d'Oreste.
Obscurcissez les airs par de noires vapeurs,
Présentez à ses sens les horreurs d'un beau rêve.
Thisiphone, Alecto, venez, mes chères sœurs;
Qu'en veillant, ou dormant, il n'ait ni paix ni trêve.

Air : *Enfin, méchant, te voilà pris.* (Ajusté pour la scène.)

Il a battu sa mère.

CHŒUR.

Il a battu sa mère,
Frappez-lui les flancs
De vos serpens;
Devant lui grincez les dents.
Secouez vos,
Secouons nos flambeaux
Par des bonds et des sauts;
Des enfers exprimez la colère,
Des enfers exprimons la colère.
Donnez,
Donnons-lui vingt soufflets, } *bis.*
Autant de camouflets.

ORESTE.

Aye! aye!

CHŒUR.

(*Sourdement.*) Il a battu sa mère,
Il a battu sa mère.

(*L'ombre de Clitemnestre paraît la tête entortillée de chiffons, et le bras en écharpe.*)

ORESTE.

Un spectre.... Ah! c'en est trop.

CHŒUR.

Il a battu sa mère.

(*Le spectre s'abîme; Iphigénie en prend la place; les Démons et les Furies disparaissent; le théâtre s'éclaire.*)

Secouons nos } flambeaux.
Secouez vos }

SCÈNE V.

ORESTE, IPHIGÉNIE, PRÊTRESSES.

ORESTE.

Ma mère!

IPHIGÉNIE.

Vous tremblez en voyant la Prêtresse !
Je vais vous immoler, mais avec politesse.
Ici les étrangers dans mes mains sont remis,
Et c'est moi qui leur fais les honneurs du pays.

ORESTE.

Quels traits, et quel rapport!....

IPHIGÉNIE.

Que l'on ôte sa chaîne :
Je dois agir ainsi pour que rien ne le gêne.

Air : *Monsieur Charlot.*

(*A part.*) Du pauvre Oreste il retrace l'image.
  Il serait de son âge,
  Il serait mon appui.
    Son air est fier,
    Son œil hardi ;
  Il ressemble à mon frère,
  On dirait que c'est lui.

Approchez, qu'êtes-vous, parlez ?

ORESTE.

Que vous importe,
En me faisant mourir, de savoir qui je suis ?

IPHIGÉNIE.

J'ai pour le demander une raison très-forte.
Parlez : vous êtes Grec, si j'en crois vos habits ?

ORESTE.

Oui, je suis de Mycène.

IPHIGÉNIE.

     Oh ciel ! c'est mon pays !
Qu'y dit-on de nouveau ? contez-moi des histoires :
Agamemnon jouit du fruit de ses victoires ?

ORESTE.

Air : *Dans un Détour.*

Agamemnon.

IPHIGÉNIE.

Vous vous taisez, achevez donc.

ORESTE.

Ciel ! Agamemnon.

IPHIGÉNIE.

Vous frémissez à ce nom.

ORESTE.

Un perfide assassin....

IPHIGÉNIE.

    L'horreur glace mes sens.
Quel monstre a fait ce coup ?

ORESTE.

      Hélas ! sa chère femme.

IPHIGÉNIE.

Clitemnestre ?....

ORESTE.

Elle-même.

IPHIGÉNIE.

Ah! vous me percez l'ame.

ORESTE.

On peut, quand on est belle, avoir quelques galans;
Mais tuer les maris : ils sont si bonnes gens.

IPHIGÉNIE.

Électre?....

ORESTE.

Est à Mycène à pleurer sa misère.

IPHIGÉNIE.

Oreste?....

ORESTE.

Oreste.... O ciel.... Quel horrible destin!
Madame.... il s'est conduit fort mal avec sa mère.

IPHIGÉNIE.

Qu'a-t-il donc fait?

ORESTE.

Madame.... il a vengé son père.

IPHIGÉNIE.

Ce garçon-là doit faire une mauvaise fin.
Que cherche-t-il?

ORESTE.

La mort.... qu'il a trouvée enfin.

LES RÊVERIES

IPHIGÉNIE.

AIR : *Trop de pétulance gâte tout.*

Oreste est mort ! c'est bien dommage :
De cet affreux trépas,
Hélas !
Mon rêve était le sûr présage.

ORESTE.

Vous saurez....

IPHIGÉNIE.

Non, je ne veux pas.
Ne me dites rien davantage ;
Ce n'est pas encor le moment :
Je veux réserver l'éclaircissement
Pour le dénouement,
Pour le dénouement.

(*Les Prêtresses emmènent Oreste.*)

Allez.

SCÈNE VI.

IPHIGÉNIE, UNE PRÊTRESSE.

IPHIGÉNIE.

Oreste est mort, faisons ses funérailles. Dépêchons.

LA PRÊTRESSE.

Calmez-vous ; c'est prendre mal son temps :
Ne précipitons rien.

IPHIGÉNIE.

Quand on a des entrailles....
Ah !....

LA PRÊTRESSE.

Est-ce une raison pour perdre le bon sens ?
Quoi ! sur un simple mot qui peut être équivoque,
Sur le rapport d'un fou, la douleur vous suffoque.

IPHIGÉNIE.

Attends, je vais sauver un de ces malheureux.

LA PRÊTRESSE.

Je le voudrais en vain ; le peuple y met obstacle :
Il a comme chez nous la fureur du spectacle.
Voir immoler un homme, est un plaisir pour lui :
C'est un amusement qu'il attend aujourd'hui.
Mais....

IPHIGÉNIE.

Ne chicane point sur mes inconséquences :
Elles réussiront mieux que tu ne le penses ;
Avec ces deux captifs je veux m'entretenir :
Qu'ils viennent.

LA PRÊTRESSE.

Les voici.

IPHIGÉNIE.

Je me sens attendrir.
(*Aux Prêtresses.*)
A présent laissez-nous, Prêtresses éternelles.
(*A part.*)
Ne puis-je faire un pas, ni dire un mot sans elles ?

SCÈNE VII.

IPHIGÉNIE, ORESTE, PILADE.

IPHIGÉNIE.

Je m'intéresse à vous.

PILADE.

Hélas ! que de bontés.

IPHIGÉNIE.

Ce n'est pas sans raison.

PILADE.

Ah ! Prêtresse !

IPHIGÉNIE.

Écoutez,
Nous sommes tous les trois de la même patrie.

PILADE.

Quoi ! des mains d'une Grecque il faut perdre la vie.

IPHIGÉNIE.

AIR : *Contre un engagement.*

On m'en fait une loi.

PILADE.

Ah ! quelle barbarie !

IPHIGÉNIE.

Mais c'est bien malgré moi,
Je vous le certifie.

PILADE.

A votre âge, ma chère,
Quand on sait bien agir,
On ne doit jamais faire
Mourir que de plaisir.

IPHIGÉNIE.

Je voudrais vous sauver tous les deux ; mais hélas !
Thoas aime le sang : cependant par adresse
Je pourrai garantir l'un de vous du trépas,
En le faisant partir dès ce jour pour la Grèce.

AIR : *Chantons lætamini.*

ORESTE.

C'est toi qui partiras.

PILADE.

Non, c'est toi qui vivras.

ENSEMBLE.

C'est toi qui partiras.
Non, c'est toi qui vivras.

IPHIGÉNIE.

Ne m'interrompez pas.

*Suite de l'*AIR.

Pour un si bon office.

PILADE, ORESTE.

Qu'exigez-vous ?

IPHIGÉNIE.

Je veux
Qu'il me rende un service.

PILADE, ORESTE.

Il sera trop heureux.

ORESTE.

Pour lui j'en fais serment.

PILADE.

Pour lui j'en fais serment.

ENSEMBLE.

Tous deux également
Nous en faisons serment.

IPHIGÉNIE.

Je veux à mes parens donner de mes nouvelles.
(*A Oreste.*)
Qu'une lettre remise entre vos mains fidèles....

ORESTE, *avec étonnement.*

Qui ?.... moi.

IPHIGÉNIE.

N'en doutez pas, c'est vous que je choisis
(*Pilade fait un saut de joie.*)
Vous partirez ce soir pour aller au pays :
Je vais tout préparer ; mais il faut me permettre
D'aller écrire avant un petit mot de lettre :
Vous serez bien exact à la donner, au moins.
(*A Pilade.*)
Ensuite, mon enfant, vous aurez tous mes soins.

SCÈNE VIII.

ORESTE, PILADE.

PILADE.

Ainsi nous voilà donc aux petits soins ensemble.

ORESTE, *d'un ton courroucé.*

M'aimes-tu ?

PILADE.

Quand tu dis que tu m'aimes, je tremble ;
La Prêtresse, au contraire, au lieu de menacer,
En m'annonçant la mort, semble me caresser.

ORESTE.

Parle donc : je te trouve un plaisant personnage,
De prétendre mourir.

PILADE.

Ce n'est pas mon usage.

ORESTE.

Je t'ai toujours connu pour un ambitieux.

PILADE.

Je veux rendre en mourant mon nom plus glorieux ;
Mais je t'aime, et voudrais, s'il était bien possible,
Tout-à-l'heure te voir à l'autel attaché :
Vas, je te céderais ma place à bon marché.

ORESTE.

Tu m'aimes! ah! j'en prends tous les Dieux pour arbitres;
Tu veux être immolé, parle, quels sont tes titres?
As-tu dix fois par jour le transport au cerveau?
Tout l'univers pour toi devient-il un tombeau?
As-tu jamais rossé personne dans ta vie?
Des spectres viennent-ils te tenir compagnie?
Es-tu donc, comme Oreste, insensé, forcené,
Et vois-tu sur tes pas tout l'enfer déchaîné?

PILADE.

On ne saurait avoir tous les biens en ce monde.

ORESTE.

Et dis-moi donc sur quoi ta vanité se fonde!

(*Avec fureur.*)

Ne sais-tu pas qu'Oreste est furieux?
Ne sais-tu pas jusqu'où va sa misère?
Ne sais-tu pas qu'il insulte les Dieux?
Ne sais-tu pas qu'il a battu sa mère?

(*Avec sentiment.*)

Est-ce à toi de mourir?

PILADE.

Mot sublime et charmant,
Qui ne me feras pas changer de sentiment.

ORESTE.

AIR : *Non, vous ne m'aimez pas*, ou, *oui, monsieur le Bailli.*

La mort qu'on te prépare,
C'est à moi qu'on la doit;
Et tu voudrais, barbare,
Me faire un passe-droit.

Le jour, le jour m'ennuie ;
Et tu cours au trépas
Pour me sauver la vie :
Ah ! tu ne m'aimes pas.

PILADE.

AIR : *Nous nous marîrons dimanche.*

Laisse-moi jouir d'un bonheur si doux.

ORESTE.

Ah ! quelle rigueur extrême !

PILADE.

Je t'en conjure à deux genoux.

ORESTE.

Moi d'même.

PILADE.

Je veux mourir.
C'est mon plaisir.

ORESTE.

Moi d'même.

PILADE.

Cède à mes soupirs.

ORESTE.

Cède à mes désirs.

ENSEMBLE, *en s'embrassant.*

Ah ! mon cher ami, que j't'aime !

ORESTE, *tenant Pilade embrassé.*

Tableau touchant et rare.... en ce moment si tendre :
Je sens....

(*Il se lève furieux.*)

Que mon accès de rage va me prendre.

PILADE.

Sauve qui peut.

ORESTE.

Je vois tout l'enfer sous mes pas.

PILADE.

La belle vue !

ORESTE.

Oh ciel ! je sens entre mes bras
Un serpent venimeux, qui me pique et me glace.
Quelle femme, grands Dieux, me fait donc la grimace !...

PILADE.

Tu lui rends bien....

ORESTE.

Un spectre est là pour l'appuyer ;
C'est Égiste, c'est lui qui lui sert d'écuyer.
Mais.... quel objet hideux m'embarrasse et m'arrête ?
Il gémit.... Ah ! qu'il a de cornes à la tête !
Que vois-je ? C'est mon père.

PILADE.

Il n'est donc pas changé ?

ORESTE.

Dans quel nouveau malheur me trouvai-je plongé ?
O désespoir ! je suis accablé par Pilade.
Il me fuit.

PILADE.

Point du tout : me voici, camarade.

ORESTE.

Je n'avais qu'un ami, qu'un seul.... je l'ai perdu.

PILADE.

Je suis ici.

ORESTE.

Viens donc.

PILADE. *Ils rapprochent peu à peu.*

Je crains d'être mordu.

Air : *Je suis Lindor.*

Reviens, mon cher, de ce délire extrême ;
Reprens tes sens, viens tomber dans mes bras.
Quoi ! mon ami, tu ne me connais pas ?
Je suis pour toi toujours, toujours le même.

SCÈNE IX.

IPHIGÉNIE, ORESTE, PILADE.

IPHIGÉNIE.

Peut-on savoir pourquoi vous avez tant crié ?

PILADE.

Madame, ce n'était qu'un débat d'amitié.

ORESTE.

Je parlais doucement avec mon camarade.

IPHIGÉNIE.

Ce commerce, du moins, ne me paraît pas fade.

ORESTE, *à Pilade.*

Si tu ne cèdes pas, je vais tout déclarer,
Et dire qui je suis.... Écoutez-moi, Prêtresse.

PILADE, *à Iphigénie.*

Excusez un esprit trop prompt à s'égarer.

(*A Oreste.*)

Arrête, mon ami ; c'est une mal-adresse.

ORESTE, *à Iphigénie.*

Abrégeons les discours, tout net expliquons-nous ;
Je ne me charge pas de porter votre lettre,
Madame, à mon ami vous pouvez la remettre :
Qu'il vive, ou je m'étrangle à l'instant devant vous.
Décidez, je ne puis supporter la lumière.

PILADE.

Cruel !

ORESTE.

Je veux mourir d'une ou d'autre manière.

IPHIGÉNIE.

Allons, il serait mal de disputer des goûts.

(*A Oreste, avec sentiment.*)

Mais pourquoi préférer une mort rigoureuse
Au soin de me servir et de me rendre heureuse ?
Vous n'êtes point galant, et c'est me faire tort.

ORESTE.

Je ne le fus jamais.

IPHIGÉNIE, *d'un ton décidé.*

Il mérite la mort.
Je ne puis y penser sans en être saisie.
(*A Pilade, avec attendrissement.*)
Vous.... ne sentez-vous pas un peu de jalousie ?

PILADE, *d'un ton résigné.*

Non....

IPHIGÉNIE, *à Oreste.*

Pour payer l'honneur qu'il vous daigne céder,
Dites-lui, s'il se peut, adieu sans le gronder.

ORESTE, *à Pilade.*

Adieu, mon cher ami, pardonne mes reproches ;
Fais bien mes complimens à ma petite sœur ;
Et, pour la consoler, apprends-lui mon bonheur.

PILADE, *bas à Oreste.*

Je n'aurai pas toujours mes deux mains dans mes poches ;
Laisse-moi faire.... va.... je te délivrerai.
(*A part.*)
Je ne sais pas pourtant comment je m'y prendrai.

SCÈNE X.

IPHIGÉNIE, PILADE.

IPHIGÉNIE.

Pour sortir de ces lieux, il ne faut pas attendre.
Électre est la personne à qui vous devez rendre
Ce billet important.

PILADE.

Par quel hasard heureux
La connaissez-vous donc ?

IPHIGÉNIE.

Vous êtes curieux !

PILADE.

Je ne sais pas pourquoi vous faites ce mystère.

IPHIGÉNIE.

Je n'en sais rien non plus : il faut me satisfaire.
Un galant homme doit tenir ce qu'il promet.
Partez. (*en donnant le billet.*)

PILADE.

J'obéirai, si le ciel le permet.

AIR : *Pour voir comment ça fera.*

Tirons Oreste d'embarras ;
Mais le pourrai-je sans miracle ?
Je ne sais où porter mes pas,
Je vois obstacle sur obstacle ;
Mais le hasard y pourvoira :
Voyons toujours comment ça f'ra.

FIN DU SECOND ACTE.

ACTE III.

SCÈNE PREMIÈRE.

IPHIGÉNIE, seule.

AIR : *Il était un Moine blanc.*

Je passe en ces tristes lieux
Les jours les plus ennuyeux,
Et j'y fais tout le contraire
De ce que je voudrais faire.

SCÈNE II.

IPHIGÉNIE.

(*Les Prêtresses qui amènent Oreste.*)

CHŒUR DES PRÊTRESSES.

AIR DE Jephté : *Nous vivons dans l'innocence.*

O Diane, sois propice ;
Mets un terme à tes rigueurs ;
Nous t'offrons en sacrifice
Ce jeune homme avec nos pleurs ;
Mais si tu veux qu'il périsse,
Le supplice est pour nos cœurs.

IPHIGÉNIE.

Air: *La mort de mon cher père.*

Mon petit ministère
Vous fera du chagrin ;
Je crains de vous déplaire
En vous perçant le sein.
Ah ! si j'étais maîtresse
Des climats où je suis,
Les gens de votre espèce
N'y seraient pas détruits.

Air: *Un mouvement de curiosité.*

De vous sauver j'aurais beaucoup d'envie,
Si ce bienfait pouvait se pardonner ;
Tuer un homme ; ah ! quelle barbarie !
A cet emploi, pourquoi me destiner ?
C'est mon devoir d'ôter ici la vie :
Il me serait plus doux de la donner.

ORESTE.

Air: *Je sens un certain je ne sais quoi.*

Eh ! tuez-moi sans compliment.

IPHIGÉNIE.

Votre sort m'intéresse.

ORESTE.

Mais, d'où vous vient ce sentiment.

IPHIGÉNIE.

Je plains votre jeunesse.

ORESTE.

A ce discours plein de tendresse,
Mon cœur se trouble malgré moi.

IPHIGÉNIE.

Je sens un certain je ne sais qu'est-ce.

ORESTE.

J'éprouve un certain je ne sais quoi.

IPHIGÉNIE.

Air: *La Colombe qui succombe.*

Oui, votre mort me désole.

ORESTE.

Vous soulagez mon tourment,
Votre pitié me console,
Et j'en mourrai plus gaîment.

LA PREMIÈRE PRÊTRESSE.

Madame, il faut songer à la cérémonie.

IPHIGÉNIE.

Nous attendons ici le peuple avec Thoas.

LA PRÊTRESSE.

Thoas est paresseux, il ne se presse pas.

ORESTE.

Vous me faites languir.

LA PRÊTRESSE.

Ce jeune homme s'ennuie.

IPHIGÉNIE.

Hé bien, puisqu'il le faut, qu'on le mène à l'autel.

ORESTE.

Ah! je respire enfin.

IPHIGÉNIE.

Ah! quel moment cruel.

CHŒUR DES PRÊTRESSES.

Air: *Je ferai mon devoir.*

Remplissez votre auguste emploi.

IPHIGÉNIE.

Quelle barbare loi !
Quelle barbare loi !
O Dieux ! donnez-m'en le pouvoir.

CHŒUR.

Faites votre devoir ;
Faites votre devoir.

Une prêtresse présente à Iphigénie le couteau sacré.

IPHIGÉNIE.

A i r de M. Piccini : *Un matin brusquement.*

Avançons.... je ne puis :

(*A la prêtresse.*)
Viens que sur toi je m'appuie,
Je ne sais où j'en suis....
Soutiens mon bras et me conduis.

ORESTE.

Hâtez-vous de m'ôter la vie.

IPHIGÉNIE.

Tu le veux.... hé bien, tu mourras.

ORESTE.

Dans Aulide, en même cas,
Périt ma sœur Iphigénie,
A ma sœur, je vais, hélas !
Me réunir par le trépas,
Me réunir par le trépas.

A i r : *Des pendus.*

IPHIGÉNIE.

Ah juste ciel ! qu'ai-je entendu !

ORESTE.

Quoi, votre bras est suspendu.

IPHIGÉNIE.

Par hasard, seriez-vous Oreste ?

ORESTE.

Eh morbleu! je le suis de reste.
Frappez.

IPHIGÉNIE.

En aurais-je le cœur ?
Mon frère, reconnais ta sœur.

ORESTE.

Ma sœur !

IPHIGÉNIE.

Eh oui, ta sœur : elle te tend les bras.
Je suis Iphigénie.

ORESTE.

Un peu de patience ;
Il ne faut pas brusquer une reconnaissance.
Vous, Iphigénie ?

IPHIGÉNIE.

Oui.

ORESTE.

Cela ne se peut pas.

AIR : *Un jour sur la fougère.*

On sait qu'un sacrifice
A terminé ses jours.

IPHIGÉNIE.

Diane fut propice,
Et vint à son secours.

ORESTE.

Mon ame désolée
Gémit de son trépas;
La pauvre enfant fut immolée.

IPHIGÉNIE.

La pauvre enfant n'en mourut pas.

A I R : *Allons la voir à Saint-Cloud.*

Mais je dois douter aussi
Que vous soyez bien mon frère,
Que ce fait soit éclairci.

ORESTE.

Oh! c'est ce que je vais faire.

IPHIGÉNIE.

Vous m'avez dit qu'il était mort.

ORESTE.

Madame, je n'avais pas tort;
Ce n'était qu'une adresse,
Pour faire durer la pièce.

A I R : *Quatuor des Troqueurs.*

ORESTE, IPHIGÉNIE.

Ah! c'est donc toi
Que je revois!
Pour nous
Ce moment est bien doux;

Ma chère sœur, }
Mon cher Oreste } embrassons-nous.

IPHIGÉNIE.

Eh quoi! c'est toi!

ORESTE.

Moi, moi.

IPHIGÉNIE AUX PRÊTRESSES.

C'est votre roi.

LES PRÊTRESSES.

C'est notre roi.

ORESTE.

Moi, moi !

LES PRÊTRESSES.

Lui.
Oui.

ORESTE.

Moi, moi !

IPHIGÉNIE ET TOUS ENSEMBLE.

C'est notre ⎱
C'est votre ⎰ appui.

C'est notre ⎱
C'est votre ⎰ roi.

Ce moment pour nous
Est bien doux.
Mon cher Oreste, ⎫
Ma chère sœur, ⎬ embrassons-nous.
Mes chères sœurs, ⎭

(*A la fin de ce quatuor, toutes les prêtresses s'embrassent à l'imitation d'Oreste et d'Iphigénie.*)

LA IIe PRÊTRESSE.

Ah ! madame, tremblez, la mêche est découverte.
Thoas des deux captifs avait juré la perte :
Il sait que par vos soins l'un d'eux s'est échappé ;
Il écume de rage, et de terreur frappé,
Il vient pour vous punir de la supercherie.

IPHIGÉNIE.

Je l'attends de pied ferme.

LA PRÊTRESSE.

Évitez sa furie.

LE CHŒUR *chante.*

O Ciel! grands Dieux! hélas!

IPHIGÉNIE *l'interompant.*

Eh! cessez vos hélas.
De vos tristes accens, j'admire l'harmonie;
Mais on lasse à la fin, par la monotonie *.
Qu'on dérobe mon frère aux regards de Thoas;
Caché derrière vous, qu'il ne se montre pas.

SCÈNE III.

LES PRÉCÉDENS, THOAS.

THOAS.

Ah! ah! vous voilà donc, prêtresse dégourdie,
Vraiment votre conduite est tout-à-fait jolie.

AIR: *Sur le pont d'Avignon.*

Au lieu de les tuer, vous conservez les hommes.

IPHIGENIE.

Hélas! dans mon pays voilà comme nous sommes.

---

* Le mot de *Monotonie* ne tombe que sur la situation des Prêtresses, qui est toujours la même.

THOAS.

De tout votre manège, on m'a fort bien instruit;
Je sais qu'un des captifs s'est échappé sans bruit.

IPHIGÉNIE.

Tu pouvais l'empêcher; mais chez toi tu demeures;
Pourquoi faire, dis-moi?

THOAS.

J'ai dormi vingt-quatre heures :
Mais que l'autre étranger périsse sans tarder,
Ou moi-même, à l'instant, je vais te poignarder.

ORESTE, *perçant la foule des prêtresses.*

Poignarder! qui? ma sœur?....

IPHIGÉNIE.

Apprends qu'il est mon frère.

THOAS.

Et quand cela serait, il ne m'importe guère;
Frappe, ou je vais.

IPHIGÉNIE.

O Ciel! qu'oses-tu commander?

ORESTE.

Tu n'es qu'un plat tyran, dont la fureur oisive,
Joint à l'emportement une action tardive :
Tu menaces toujours sans rien effectuer.
Dis, pourquoi reviens-tu?

IPHIGÉNIE.

Pour se faire tuer.

THOAS.

Madame, doucement, cela vous plaît à dire;
Je crois qu'à mes dépens tous deux vous voulez rire.
Gardes, délivrez-moi de ces audacieux.

IPHIGÉNIE.

Au premier qui viendra, j'arracherai les yeux.

THOAS.

Lâches, vous avez peur.

UN SCYTHE.

      Nous respectons les dames,
Et ce n'est pas ainsi qu'on attaque des femmes.

SCÈNE IV.

LES PRÉCÉDENS, UN SCYTHE.

LE SCYTHE.

Le temple se remplit de farouches soldats,
Sauvez-vous, s'il se peut, Seigneur, de la bagarre.

THOAS.

D'où diable viennent-ils?

LE SCYTHE.

      On ne le conçoit pas.

THOAS.

Vous n'en mourrez pas moins tous les deux.

SCÈNE V.

LES PRÉCÉDENS, PILADE.

PILADE, *perçant la foule des Prêtresses.*

Gare, gare,
C'est à toi de mourir.

THOAS.

A moi, mes gens, à moi;
A l'aide, mes amis, défendez votre roi.

PILADE.

Ne crois pas échapper, ton espérance est vaine.

IPHIGÉNIE.

Ah, ne le tuez point, il n'en vaut pas la peine.

THOAS.

Messieurs, entendons-nous : on peut être d'accord;
Ensanglanter la scène.... ah, c'est un peu trop fort.
Que veut-on?

PILADE.

De Diane emporter la statue.

THOAS.

Eh bien, soit; pour cela faut-il que l'on me tue?

ORESTE.

Nous voulons enlever les Prêtresses d'ici.

THOAS.

Ah, parbleu! j'en suis las : emportez-les aussi.

IPHIGÉNIE.

Et qu'on n'ait plus, chez toi, d'assez vilaines ames,
Pour y faire périr les hommes par les femmes.

THOAS.

Mais je n'ose abolir un culte si sacré;
Les Dieux se fâcheraient, et je crains leur rancune.

IPHIGÉNIE.

Pour te faire savoir que c'est contre leur gré,
Diane tout exprès va tomber de la lune.

THOAS.

A i r : *Allez-vous-en, gens de la noce.*

Épargnons les frais du voyage
A cette auguste Déité;
Ne voulez-vous rien davantage?

ORESTE, PILADE, IPHIGÉNIE.

Non.

THOAS.

Je consens donc au traité
Après cette belle équipée,
Serons-nous tranquilles chez nous?

ORESTE, PILADE, IPHIGÉNIE.

Oui.

THOAS.

Partez donc, embarquez-vous
Avec votre digne poupée.
Allez-vous-en chacun chez vous.

(*Il sort.*)

SCÈNE VI, et dernière.

IPHIGÉNIE, ORESTE, PILADE, *Troupe de Grecs.*

PILADE.

Ici fort à propos je me suis présenté ;
A présent, mon ami, comment va ta santé ?

ORESTE.

Je me trouve moins fou, ma tête se nettoie ;
Nous n'exciterons plus que des larmes de joie ;
Je vais cesser enfin d'être un objet d'effroi,
Et les diables, je pense, ont pris congé de moi.
Prends part à mon bonheur, embrasse Iphigénie.

PILADE.

Comment, c'est là ta sœur ? Elle est encor jolie,
Et faite pour l'amour.

ORESTE.

Ce mot est déplacé,
Ici personne encor ne l'avait prononcé.

AIR : *Sans un petit brin d'amour.*

Sans un petit brin d'amour,
Finit la Tragédie.

IPHIGÉNIE.

Ah ! quant à moi je suis pour
Un petit brin d'amour.

ORESTE, à *Pilade.*

Eh bien, mon cher, épouse Iphigénie.

PILADE.

J'en suis d'accord.

IPHIGÉNIE.

Je le veux bien.
L'amour convient dans une parodie.

PILADE.

Reçois mon cœur.

IPHIGÉNIE.

Reçois le mien.

CHŒUR.

Sans un petit brin d'amour,
Finit la Tragédie.

IPHIGÉNIE, PILADE.

Mais quant à moi je suis pour
Un petit brin d'amour.

TOUS TROIS ENSEMBLE.

Sans un petit brin d'amour,
Finit la Tragédie ;
Mais ici nous sommes pour
Un petit brin d'amour.

ORESTE, PILADE.

Rien n'est plus rare en ce jour,
Qu'une amitié fidèle.

IPHIGÉNIE.

Rien n'est moins rare en ce jour
Qu'un petit brin d'amour.

ORESTE, PILADE.

Des vrais amis nous sommes le modèle.

IPHIGÉNIE.

Aux vrais amis, on ne croit plus;
L'amour, l'amour est chose plus réelle;
Partout ses droits sont reconnus.

ENSEMBLE.

Rien n'est plus rare, etc.

IPHIGÉNIE.

Pour vous, Messieurs, en ce jour,
Nous redoublons de zèle;
Marquez-nous à votre tour
Un petit brin d'amour;
Daignez sourire à notre bagatelle,
Sans prendre garde à ses défauts :
Souvent un rien prouve une ardeur nouvelle,
Et des désirs toujours égaux.

ENSEMBLE.

Pour vous, Messieurs.

FIN.

VAUDEVILLES

ET

CHANSONS DIVERSES.

VAUDEVILLES
ET
CHANSONS DIVERSES.

VAUDEVILLE

DE LA RESSOURCE DES THÉATRES,

PROLOGUE*.

AIR : *Des Portraits à la mode.*

Toujours suivre avec uniformité
Le naturel et la simplicité,
Ne point estimer la frivolité :
   C'était la vieille méthode.
J'ai peuplé Paris de mes calotins ;
Je les fis courir après des pantins ;
J'amuse aujourd'hui leurs goûts enfantins
   Avec des portraits à la mode.

---

* L'air et les couplets de ce Vaudeville sont de M. FAVART. Il fut faussement attribué, *dans l'Esprit du Caveau*, ou *Choix de Chansons*, au célèbre auteur de la *Métromanie*.

Valet modeste au service d'un Grand,
Marquis du bel air soutenant son rang,
Marchand qui ne s'élevait pas d'un cran :
   C'était la vieille méthode.
Laquais insolens portant des plumets,
Les plus grands seigneurs vêtus en valets,
Des fils d'artisans en cabriolets :
   Voilà les portraits à la mode.

Profonds avocats s'occupant des lois,
Riches financiers vivant en bourgeois,
Commis sans orgueil dans de hauts emplois :
   C'était la vieille méthode.
Légistes musqués courant les concerts,
Financiers qui tranchent de ducs et pairs,
Et petits commis prenant de grands airs :
   Voilà les portraits à la mode.

Les nymphes d'amours craignaient les brocards,
Cachaient avec soin leurs galans écarts,
Et pour la décence avaient des égards
   C'était la vieille méthode.
On voit aujourd'hui ces objets charmans,
Avec leurs chevaux et leurs diamans,
Tirer vanité d'avoir des amans :
   Voilà les portraits à la mode.

Livrer sa jeunesse à de doux loisirs,
En sachant toujours régler ses désirs ;
Mais à soixante ans quitter les plaisirs :
   C'était la vieille méthode.
Des adolescens cassés et tremblans,
Des femmes coquettes en cheveux blancs,
Et de vieux barbons qui font les galans :
   Voilà les portraits à la mode.

L'hermine marquoit un savoir profond,
La vertu brillait sous un habit long,
Et la bourgeoisie était sans façon ;
   C'était la vieille méthode.

Je peins l'ignorance en manteau fourré,
Je peins le plaisir en bonnet carré,
Je peins la roture en habit doré :
    Voilà les portraits à la mode.

Le faste n'était que pour la grandeur,
Les gens à talens n'avaient point l'ardeur
De vivre comme elle dans la splendeur :
    C'était la vieille méthode.
Dans ce joli siècle colifichet,
Un petit danseur, un tireur d'archet,
En phaëton va courir les cachets :
    Voilà les portraits à la mode.

En habit lugubre le médecin
Traitait gravement son art assassin ;
Une mule composait tout son train :
    C'était la vieille méthode.
Chargé de bijoux plus que de latin ;
Nos petits docteurs ont le ton badin,
Et vont dans un char verni par Martin :
    Voilà les portraits à la mode.

Avant de rimer, trouver un sujet,
Avoir le bon sens pour premier objet,
Avec intérêt remplir son projet :
    C'était la vieille méthode.
Sans ces règles-là, toujours nous brillons,
Héros des Corneilles, des Crébillons,
En bel oripeau nous vous habillons :
    On vous met en vers à la mode.

Gusto naturàl e simplicità,
Del vero cantar era la beltà,
E se cantava con facilità :
    La gamma antiqua era soda.
La nota zigar dal basso in alto,
Dal tetto in tel pozzo far un salto,
E far come un gatto, mirmir, miao :
    (*Piano, piano, forte, forte.*)
    Questo ze cantar alla moda.

Les fameux artistes, dans leurs tableaux,
Savaient exprimer les traits les plus beaux,
Le goût conduisait leurs savans pinceaux :
   C'était la vieille méthode.
A présent tout est pièces et morceaux,
On fait la figure avec des ciseaux,
On nous rend aussi noirs que des corbeaux :
   Voilà les portraits à la mode.

Au Public.

Ce Théâtre où doit régner la gaîté,
A plus d'une fois été déserté ;
On n'y venait que par oisiveté :
   C'était la vieille méthode.
En étudiant toujours votre goût,
De vous attirer nous viendrons à bout.
Puissions-nous entendre chanter partout :
   Voilà le spectacle à la mode !

L'EXCUSE,

VAUDEVILLE.

Heureux qui flatte vôtre goût !
On tâche de le suivre en tout ;
　　Mais souvent on s'abuse.
Quand on ne fait pas ce qu'on veut,
Messieurs, on fait ce que l'on peut :
　　C'est une excuse.

Comment donc !. qu'ai-je appris, vraiment ?
De remplir les vœux d'un amant,
　　Ma fille, on vous amuse.
La fille répond d'un ton doux :
Maman, je fais tout comme vous :
　　C'est une excuse.

De chérir ces muguets coquets,
Qui portent de petits collets,
　　A tort on nous accuse.
On reçoit les gens à rabats,
Quand les guerriers sont aux combats
　　C'est une excuse.

Quoique Lisette m'aime bien,
Mes rivaux ont tout, et moi rien ;
　　Voyez un peu la ruse :
Avec eux, c'est pour s'amuser ;
Avec moi, c'est pour m'épouser :
　　C'est une excuse.

On doit toujours fuir un amant:
Il ne faut pas, me dit maman,
    Qu'à l'entendre on s'amuse.
Je fuyais Colin ; mais, hélas !
En fuyant je fis un faux pas :
    C'est une excuse.

Auteurs, acteurs tympanisés,
Ne soyez point scandalisés
    Des jeux de votre muse.
Vous ne seriez pas critiqués,
Si vos talens n'étaient marqués :
    C'est une excuse.

Au Public.

Cette pièce a beaucoup d'endroits
Qui peuvent vous paraître froids ;
    Messieurs, on s'en amuse.
Mais nous avons bâti cela
Sur des paroles d'opéra :
    C'est une excuse.

VAUDEVILLE

DE LA FÊTE DE VILLAGE.

AIR : *Le lendemain.*

Hier j'ons fait la noce
Au village de Pantin ;
Si j'rev'nons sans carrosse,
C'est pour danser en chemin.
J'avons du vin dans la tête,
Et d'l'amour dans l'cœur tout plein.
Il n'est point de bonne fête
  Sans lendemain.

Çà, madame la mariée,
Embrassez donc vot'mari.

LA MARIÉE.

N'faut pas qu'j'en sois priée,
J'avons c'droit-là, guieu marci ;
Rougit-on de c'qu'est honnête ?
Tiens, mais souviens-toi, Colin,
Qu'il n'est pas de bonne fête
  Sans lendemain.

Les époux de la ville
N'ont souvent qu'un jour heureux ;
Pour nous j'en avons mille,
Mille encore aussi joyeux :
Cheux nous, sans que rien l'arrête,
L'Amour va toujours son train.
Il n'est point de bonne fête
  Sans lendemain.

Mon gendre, allons, courage,
Prends ta femme par la main;
Quand j'étais à ton âge,
Je dansais soir et matin.
Çà, çà, que rien ne t'arrête;
Fais-lui voir, mon cher Colin,
Qu'il n'est pas de bonne fête
Sans lendemain.

Quand par goût on s'engage,
Hymen que ton joug nous plaît!
Mais fi du mariage
Qui se fait par l'intérêt :
Avec grand faste on l'apprête
Ce n'est que bal et festin;
Mais, hélas! après la fête,
Quel lendemain!

Goûtons le doux breuvage
Que la vigne nous produit :
Amis, de son usage
L'humeur joyeuse est le fruit;
Mais ne perdons pas la tête,
Et ménageons-nous, afin
D'avoir, après bonne fête,
Bon lendemain.

Notre petit ménage
Est l'asile du bonheur;
Nous sentons l'avantage
D'avoir tous deux un bon cœur.
Roger, en époux honnête,
Fait honneur au lendemain;
Chez nous c'est tous les jours fête,
Soir et matin.

UN NIAIS.

Les bonn'gens de village
Font la noce à peu de frais;
A Paris, c'est aut'chose,
La moitié d'la dot y va.

Le premier jour de la noce,
L'époux saut'comme un cabri,
Puis il se gratte la tête
  Le lendemain.

LA MARIÉE, *au Public.*

Souvent sans affluence
On a vu languir nos jeux ;
Messieurs, votre présence
Etait l'objet de nos vœux ;
Vous venez : c'est fort honnête ;
Mais venez jusqu'à la fin :
Songez qu'il n'est point de fête
  Sans lendemain.

LA BONNE FAÇON,

VAUDEVILLE

DU BAL BOURGEOIS.

D'une certaine façon,
Il faut agir en tendresse,
Un peu d'art, un peu d'adresse,
Triomphe de la raison :
Lancez certain regard tendre
D'une certaine façon ;
Affectez certain jargon,
Et la belle va se rendre :
Le tout consiste à s'y prendre
D'une certaine façon.

D'une certaine façon,
Un certain désir s'exprime ;
Fille dont le cœur s'imprime
Des attraits d'un beau garçon,
Baissez les yeux d'un air tendre
D'une certaine façon ;
Parlez-lui d'un certain ton :
Vous savez vous faire entendre
Quand vous voulez vous y prendre
D'une certaine façon.

D'une certaine façon
Avec sa femme il faut vivre ;
Aux soupçons fou qui se livre ;
L'enfer est dans la maison,
Si l'épouse est trop volage
D'une certaine façon ;
Le courroux est de saison ;
Mais ne faites point tapage,
Pour le peu qu'elle soit sage
D'une certaine façon.

D'une certaine façon,
Aux joueuses sans ressource,
Un traitant offre sa bourse
Sans billet ni caution :
A l'accepter on hésite
D'une certaine façon,
On se fait une raison ;
De cet argent on profite,
Et le temps vient qu'on s'acquitte
D'une certaine façon.

D'une certaine façon,
Dorine reçoit grand monde,
Chez elle chacun abonde :
Cela fonde la maison.
Elle arrive de Bretagne
D'une certaine façon.

Peut-on en médire ?.... Non.
La foule qui l'accompagne,
Sont des cousins de campagne
D'une certaine façon.

D'une certaine façon,
On soumet fille novice;
Et dans son cœur sans malice
L'Amour glisse son poison.
Un plumet amoureux d'elle
D'une certaine façon,
Sous un masque de raison,
Fait si bien l'amant fidèle,
Qu'il épouse enfin la belle
D'une certaine façon.

D'une certaine façon,
Agnès était languissante;
Un jeune médecin tente
De lui donner guérison :
Il saigne, le mal s'évade
D'une certaine façon.
Il la guérit, ce dit-on,
Agnès n'a plus ce tein fade;
Mais je sais qu'elle est malade
D'une certaine façon.

D'une certaine façon,
Se croyant encore alerte,
Un vieillard à tête verte,
Épouse un jeune tendron:
De ses feux donne-t-il preuve
D'une certaine façon ?
Son Amour lui fait faux bond;
Sa femme en hymen fort neuve,
Se voit femme, fille et veuve
D'une certaine façon.

D'une certaine façon
Louison long-temps resta fille;
Pour avoir de la famille,
Elle prend un vieux garçon:
Elle se met en ménage
D'une certaine façon ;
Mais du vivant du patron,
Dont la froideur la dégage,
Elle vit dans le veuvage
D'une certaine façon.

D'une certaine façon,
On parvient à la fortune ;
Vous qui voulez en faire une,
Retenez cette leçon.
D'une femme on se renomme
D'une certaine façon :
Elle vous donne un patron.
Soyez actif, économe ;
Il suffit d'être honnête homme
D'une certaine façon.

D'une certaine façon,
Quand on ne sait pas vous plaire,
Votre silence sévère
Est une triste leçon.
Mais pour peu qu'on réussisse
D'une certaine façon,
Vous encouragez, dit-on,
L'auteur, l'acteur et l'actrice
Par certain geste propice,
D'une certaine façon.

AUTANT EN EMPORTE LE VENT.

VAUDEVILLE.

Nous n'avons plus rien à craindre,
Mes feux se sont ranimés ;
Et cherchant à les éteindre,
Nos jaloux les ont rallumés.
Désormais soyons tranquilles,
Les fureurs sont inutiles,
Ils n'ont fait qu'un bruit éclatant :
Autant en emporte le vent.

Une mère avec prudence,
A sa fille, nuit et jour,
Ne prêche que l'innocence,
Et lui fait horreur de l'amour ;
Mais, dans l'âge où l'on soupire,
Les leçons n'ont plus d'empire :
Vous avez beau dire, maman,
Autant en emporte le vent.

Ne faites point la conquête
D'un petit abbé coquet,
Qui semble porter sa tête
Toujours sur le haut d'un piquet;
De ce diseur de sornettes,
N'écoutez point les fleurettes ;
Il n'a que le ton suffisant :
Autant en emporte le vent.

Le jeune officier sait plaire,
Mais aussi vif qu'un éclair,
Sur lui quel fonds peut-on faire ?
Ce n'est que du bruit, de l'air :

N'espérez pas qu'il s'engage;
Ce n'est qu'un ardent volage,
Et l'on s'égare en le suivant:
Autant en emporte le vent.

Ne prenez pas, jeunes filles,
Le petit maître manqué:
Il ne vit que de pastilles,
Il est tout confit, tout musqué.
De ces amans à l'eau rose,
La tendresse est peu de chose;
On en est la dupe souvent:
Autant en emporte le vent.

L'amant sincère est timide,
Mais sa crainte en dit assez.
L'amant volage et perfide,
Rend des soins bien plus empressés:
D'un amour tendre et fidèle,
D'une constance éternelle,
Il fait souvent le serment:
Autant en emporte le vent.

Critiquer un badinage,
C'est lui faire trop d'honneur;
Messieurs, notre faible ouvrage
N'est pas digne d'un censeur.
N'ayez que de l'indulgence:
On en a sans conséqnence,
Pour l'amusement d'un instant:
Autant en emporte le vent.

DIVERTISSEMENT

DE TIRCIS ET DORISTÉE.

VAUDEVILLE.

Jeunes pêcheuses, sur ces rives,
Lorsque vous êtes attentives
Pour surprendre un poisson fugitif,
Vous ne songez pas à vous-même ;
Et l'Amour, par ce stratagême
Rendra bientôt votre cœur captif.
Quoique l'on dise, quoiqu'on fasse,
Il faut tomber dans les piéges d'Amour ;
Et quand il tend sa nasse,
Chacun s'y prend à son tour.

Pour prendre de simples fillettes,
Les bons appâts sont des fleurettes :
Un ruban, un bouquet, un pompon.
Quand ces poissons ont plus de force,
On n'en prend point à cette amorce,
Mais il faut bien dorer l'hameçon.
Quoique l'on dise, etc.

Voulez-vous prendre une coquette,
Ce poisson vient sans qu'on le guette ;
Mais il faut de l'éclat, du bruit :
La prude se pêche en eau trouble ;
Qu'en secret votre soin redouble ;
Un rien l'effraie, et le jour vous nuit.
Quoique l'on dise, etc.

L'Amour est un pêcheur habile,
Aux champs, à la cour, à la ville,
Tout vient se prendre dans ses filets,
Et l'on y voit en abondance
Les gros brochets de la finance,
Et le fretin des petits colets.
Quoique l'on dise, etc.

Le magister de ce village,
Qui fait le grave parsonnage,
Surprit Jeanne seule avec Lucas.
Contre Lucas il fit tapage,
Il le gronda d'un air sauvage,
Et puis à Jeanne il parla tout bas.
Quoique l'on dise, quoiqu'on fasse,
Il faut tomber dans les piéges d'Amour;
 Et quand il tend sa nasse,
Chacun s'y prend à son tour.

LE BADINAGE.

VAUDEVILLE.

Fuyons le sérieux,
N'en faisons point usage :
C'est par lui qu'en ces lieux
Souvent on fait naufrage ;
Le grave personnage
Conviendrait-il ici ?
  Nanni ;
Vive le badinage.

Pour devenir heureux
Dans le tendre esclavage,
Soyez vif et joyeux :
C'est par-là qu'on engage.
Par un triste langage,
Du sexe est-on chéri ?
  Nanni ;
C'est par le badinage.

Si tant de cadedis
Inondent ce rivage,
Si d'être aimés gratis
Ils ont l'heureux partage,
Est-ce par un hommage
Doucereux et transi ?
  Nanni ;
C'est par le badinage.

De Minerve ici bas,
Quand vous seriez l'image,
Belles, n'espérez pas
En tirer avantage :
Par l'humeur douce et sage,
Fait-on fortune ici?
  Nanni;
C'est par le badinage.

Que Clorinde ait risqué
Au jeu son héritage,
Qu'un sept elva manqué
Lui cause du dommage :
Est-ce par son ménage,
Qu'il sera rétabli?
  Nanni;
C'est par le badinage.

Qu'un tendron du palais
Quitte l'apprentissage,
Pour loger ses attraits
Dans un premier étage,
Par un bon mariage :
Son fond est-il grossi?
  Nanni;
C'est par le badinage.

Qu'une femme avec art
Ajuste son visage,
Qu'elle ait recours au fard
Pour briller davantage :
Tout ce bel étalage
Est-il pour le mari?
  Nanni;
C'est pour le badinage.

Quand un mari jaloux
A conçu de l'ombrage,
Et que dans son courroux
Au logis il fait rage :

Par des pleurs cet orage
Peut-il être assoupi ?
    Nanni ;
C'est par le badinage.

Pour chasser le souci
Qui jaunit son visage,
Lise, aux eaux de Passy
Fait souvent un voyage :
Son teint par ce breuvage
Sera-t-il éclairci ?
    Nanni ;
C'est par le badinage.

Si du grand Opéra,
Mainte actrice volage,
En chantant ut, fa, la,
Se met en équipage :
Est-ce par leur ramage
Qu'elles brillent ainsi ?
    Nanni ;
C'est par le badinage.

Tous les soirs quand Jacquet
Revient du labourage,
La fermière lui fait
Servir un bon potage :
Est-ce pour son ouvrage
Qu'on le régale ainsi ?
    Nanni ;
C'est pour le badinage.

Messieurs, à nos couplets,
Donnez votre suffrage,
Des funestes sifflets
Qu'ils évitent l'outrage.
Pour nous donner courage,
Avec nous répétez,
    Chantez :
Vive le badinage.

VAUDEVILLE

DU QU'EN DIRA-T-ON.

Je suis dans un grand embarras,
Le beau Tircis en est la cause ;
Je voudrais, et ne voudrais pas,
Mon cœur me presse, mais je n'ose,
Que faire, hélas ! sans ce garçon ?
Si je l'aime, qu'en dira-t-on ?

Notre grand clerc est un lambin
Dont la négligence est extrême,
Pour le gronder hier matin,
Je montai jusqu'au quatrième ;
Quelqu'un m'a vue, ah ! quel guignon,
Que je crains le qu'en dira-t-on.

Claudine se met en fureur
Lorsqu'avec elle je veux rire ;
Mais à travers cette rigueur,
Dans ses yeux elle me fait lire
Qu'elle serait un vrai mouton,
Sans ce chien de qu'en dira-t-on.

Tous les jours dans certain canton
Vous allez voir votre cousine :
On m'a dit que dans sa maison
Certain jeune blondin voisine ;
Là cherchez-vous, ou ce garçon ?
Ma mignone, qu'en dira-t-on ?

Un coup de vent dans ce vallon,
Tantôt a gâté ma frisure ;
J'ai prié le galant Damon
De raccommoder ma coïffure ;
On nous a vus, ah ! quel guignon !
Hélas ! hélas ! qu'en dira-t-on ?

Mon cœur chérit la bonne foi,
Je hais l'erreur et le caprice ;
Mais, hélas ! par malheur pour moi,
Je suis fille, et de plus actrice.
Si j'obéis à la raison,
Dans le monde que dira-t-on ?

Du sort une fâcheuse loi
M'a su fixer dans la finance ;
Il me faut dans ce dur emploi,
Renoncer à toute indulgence,
Si je deviens sensible et bon,
Dans les fermes qu'en dira-t-on ?

Orchestre, théâtre et parquet,
Ont du goût pour la gaillardise,
Mais il y faut être discret,
Et bien voiler la friandise.
Si nous parlons d'un certain ton,
Dans les loges que dira-t-on ?

N'Y A PLUS D'ENFANS.

VAUDEVILLE.

A TRENTE ans, jadis une fille
Songeait à se mettre en famille ;
Pouvait-on perdre ainsi son temps ?
Nous en faisons meilleur usage ;
Dès douze ans on entre en ménage.
    N'y a plus d'enfans.

Nos vieux aïeux, froides idoles,
A vingt ans allaient aux écoles :
Ils voyaient tard leurs descendans.
Qu'ils étaient sots! Pour moi, j'espère
Qu'à quinze ans je me verrai père.
    N'y a plus d'enfans.

Aimer sans perdre l'innocence,
Sécher dans la persévérance,
C'était l'usage au bon vieux temps.
A présent on n'est plus si dupe,
A languir bien fou qui s'occupe.
    N'y a plus d'enfans.

Du temps que vivait mon grand-père,
Dans l'excès on ne donnait guère ;
On était jeune à soixante ans.
A présent, dès l'adolescence,
L'affreuse vieillesse commence.
    N'y a plus d'enfans.

Avant de savoir l'art profane
Qu'au palais on nomme chicane,
Un procureur passait trente ans :
Aujourd'hui, fort jeune on y brille,
Le moindre petit clerc nous pille.
    N'y a plus d'enfans.

Qu'une fille était étonnée
Le premier jour de l'hyménée ;
Pour l'instruire il fallait du temps.
A présent de peine on est quitte,
On trouve femme toute instruite.
    N'y a plus d'enfans.

Le gascon vante sa naissance,
Le parvenu son opulence ;
Chacun se met au rang des grands.
Le bretteur fait l'homme de guerre,
Plus d'une fille fait la mère.
    N'y a plus d'enfans.

J'ai vu la petite Lisette
Jouant à la cligne-musette
Avec un page de douze ans ;
Je les trouvai sous le feuillage,
Je n'en dirai pas davantage.
    N'y a plus d'enfans.

C'est bien vainement que ma mère,
De l'amour me fait un mystère ;
Je n'ai qu'onze ans, mais je me sens ;
Et quand mon petit cœur soupire,
J'entends bien ce qu'il me veut dire.
    N'y a plus d'enfans.

Au temps de ma bonne grand'mère,
On ne dansait que terre-à-terre ;
L'on ne sautait pas à vingt ans.
A présent, la mode est plus drôle,
Avant douze ans on cabriole.
    N'y a plus d'enfans.

VAUDEVILLE

DE LA FÊTE DES FLEURS.

On court souvent trop de danger
   A s'engager :
Au plaisir le penchant nous mène ;
Mais il ne faut que l'effleurer,
   Sans s'y livrer :
Il est trop voisin de la peine.
  Craignez, craignez, jeunes cœurs,
Le serpent caché sous les fleurs.

L'Amour a des attraits flatteurs,
   Mais séducteurs ;
Et l'on a peine à s'en défendre :
Quand le fripon vient d'un air doux
   A nos genoux,
C'est afin de nous mieux surprendre.
  Craignez, craignez, jeunes cœurs,
Le serpent caché sous les fleurs.

Thémire allait, chaque matin,
   Au bois voisin,
Du printemps respirer les charmes ;
Mais un jour j'entendis des cris,
   Et d'un taillis
Je la vis sortir toute en larmes.
  Craignez, craignez, jeunes cœurs,
Le serpent caché sous les fleurs.

Iris trouve un enfant un jour :
   C'étoit l'Amour;
Elle en prend soin sans le connaître,
C'est un piége qu'Amour lui tend
   Tout en pleurant.
Sous ses doigts il riait, le traître.
 Craignez, craignez, jeunes cœurs,
Le serpent caché sous les fleurs.

L'imprudente Iris qui le croit
   Transi de froid,
Dans son sein l'échauffe et l'anime.
L'ingrat, qui se voit caressé,
   L'ose blesser :
Le cruel en fait sa victime.
 Craignez, craignez, jeunes cœurs,
Le serpent caché sous les fleurs.

PREMIER VAUDEVILLE

DU BALLET DES SAVOYARDS,

QUI MONTRENT LA CURIOSITÉ.

Vous allez voir, messieurs, mesdames,
 Tout ce que vous allez voir:
Un fat qui dit du bien des femmes,
 Et qui les sert sans espoir;
Un guerrier constant et discret,
Qui rougit près d'un jeune objet;
Ah! la rareté merveilleuse,
 La pièce curieuse.

Voyez deux petites maîtresses
 Qu'une amitié tendre unit;
Point de noirceurs dans leurs caresses,
 Leur cœur parle, et non l'esprit:
Voyez comme par sentiment,
L'une cède à l'autre un amant.
Ah! la rareté merveilleuse,
 La pièce curieuse.

Ah! remarquez un beau modèle
 D'amour envers un mari:
C'est une épouse jeune et belle
 Qui pleure un vieillard chéri:
Elle va descendre au tombeau
Pour s'y joindre à son tourtereau.
Ah! la rareté merveilleuse,
 La pièce curieuse.

Vous allez voir un petit-maître
　Qui cache ses rendez-vous ;
Heureux sans vouloir le paraître,
　Il brûle ses billets doux :
Aux égards dus à la beauté
Il immole sa vanité.
Ah ! la rareté merveilleuse,
　La pièce curieuse.

Une coquette surannée,
　Qui n'a plus soin de son tein,
Qui, songeant au temps qu'elle est née,
　Renonce au ton enfantin :
Des belles louant les attraits,
Sans glisser un perfide mais....
Ah ! la rareté merveilleuse,
　La pièce curieuse.

Un auteur qui se rend justice,
　Un critique sans humeur ;
Un jeune page sans malice,
　Une prude sans aigreur :
Un valet devenu commis,
Qui cite ses anciens amis.
Ah ! la rareté merveilleuse,
　La pièce curieuse.

Un bel esprit sans perfidie,
　Sans orgueil et sans jargon,
Qui de la bonne compagnie
　N'a point pris le mauvais ton,
Et qui ne déchire jamais
Ses amis par de malins traits.
Ah ! la rareté merveilleuse,
　La pièce curieuse.

SECOND VAUDEVILLE

DU BALLET DES SAVOYARDS.

Ne regrettons point nos champs,
Fuyons la triste indigence;
En France, on trouve en tous temps
Les plaisirs et l'abondance.
Les peuples y sont contens,
Tout est pour eux jouissance.
Allons tous en France, mes enfans,
Allons en France.

Nous n'avons rien apprêté
Pour faire notre voyage;
Nos talens, notre gaité
Nous tiennent lieu d'équipage :
Par des danses, par des chants,
Nous payons notre dépense.
Allons tous en France, mes enfans,
Allons en France.

Nous ne craignons jamais rien,
Nous vivons sans espérance,
Le présent est notre bien,
Jouir est notre science :
Nos jeux, nos amusemens
Nous valent de la finance.
Allons tous en France, mes enfans,
Allons en France.

La gaîté confond les rangs
Dans ce pays de Cocagne ;
On y reçoit bien les gens
Que le plaisir accompagne :
On y trouve chez les Grands
Doux accueil sans suffisance.
Allons tous en France, mes enfans,
Allons en France.

Les attraits les plus piquans
N'y suffisent point aux belles ;
Le prix flatteur des talens
N'est réservé que pour elles :
Les dons les plus séduisans
Sont unis à la décence.
Allez tous en France, mes enfans,
Allez en France.

Là, l'esprit le plus pesant,
Aime mieux par convenance
Devenir mauvais plaisant,
Qu'ennuyeux par son silence :
Tous propos sont amusans,
Souvent on en rit d'avance.
Allons tous en France, mes enfans,
Allons en France.

On y voit les médecins
Raisonner musique et danse,
Et par des propos badins
Égayer une ordonnance :
Là, les gens à cheveux blancs
Ont la gaîté de l'enfance.
Allez tous en France, mes enfans,
Allez en France.

C'est là que les avocats
D'une gaillarde éloquence,
Par mille traits délicats
Réjouissent l'audience :

Les abbés y sont galans,
Tout est gai par influence.
Allons tous en France, mes enfans,
Allons en France.

En ce charmant pays-là,
Par l'industrie on s'avance ;
Souvent on nous chargera
De messages d'importance :
Soyons actifs et prudens,
Surtout gardons le silence.
Allons tous en France, mes enfans,
Allons en France.

La grand'ville de Paris
Sera notre résidence :
C'est là que tous les esprits
Sont gais avec pétulance ;
On y marche en fredonnant :
On s'y promène en cadence.
Allons vivre en France, mon enfant,
Allons en France.

TROISIÈME VAUDEVILLE

DES MARMOTTES

DU BALLET DES SAVOYARDS.

Mon pare aussi ma mare
M'ont voulu marida, derida,
Asta saison dernière,
Avec un avocat,
Et coussi, coussa :
Ast'heur-là, le pauvre amant que voilà !

Dans ma chambre, endormie,
Un jour il me trouva, derida ;
Il dit : dormez, ma mie ;
Et doucement s'en va.
Et coussi, coussa, etc.

Aux bois, sous ces coudrettes,
Seulette il me mena, derida ;
A chercher des noisettes
Le nigaud s'amusa :
Et coussi, coussa, etc.

Sur l'herbette nouvelle
D'ennui je sommeilla, derida ;
Il faisait sentinelle
Peur qu'on ne m'éveilla :
Et coussi, coussa, etc.

VAUDEVILLES

Un vent à l'improviste
Mon mouchoir détacha, derida ;
De son capel, bien vîte,
Le nigaud me cacha :
　　Et coussi, coussa, etc.

Un cousin malhonnête
Sur le sein me piqua, derida ;
Le sot tourna la tête,
Et me laissa chercha :
　　Et coussi, coussa, etc.

Sta piqûre profonde
Me fit évanouir, deridir ;
Pour appeler du monde
Il se mit à courir :
　　Et coussi, coussa, etc.

Par là, par aventure,
Passa mon savoia, derida ;
Il pansa ma blessure
Et me faisa sauta :
　　Et coussi, coussa :
Ast'heur-là sauta la Catarina.

Si mon zèle sincère,
Messieurs, ne déplaît pas, derida ;
Le désir de vous plaire
Toujours m'animera :
　　Et coussi, coussa.
Ast'heur-là que n'ai-je ce bonheur-là.

VAUDEVILLE

DE LA RÉPÉTITION INTERROMPUE [*]

Mars et l'Amour, en tous lieux,
Savent triompher tous deux ;
  Voilà la ressemblance :
L'un règne par la fureur,
Et l'autre par la douceur ;
  Voilà la différence.

Le poète et le guerrier,
Tous deux gagnent le laurier ;
  Voilà la ressemblance :
Le poète en produisant,
Le guerrier en détruisant ;
  Voilà la différence.

L'amourette et le procès,
Tous deux causent bien des frais ;
  Voilà la ressemblance :
Dans l'une on gagne en perdant,
Dans l'autre on perd en gagnant ;
  Voilà la différence.

L'éclat et l'odeur du lis
Se trouvent chez ma Philis ;
  Voilà la ressemblance :
L'un ne fleurit qu'au printemps,
L'autre fleurit en tout temps ;
  Voilà la différence.

---

[*] Cet Opéra-Comique est de MM. Pannard et Favart.

Le plumet et le traitant
Nous en content fort souvent ;
　Voilà la ressemblance :
L'un nous conte des rébus,
L'autre compte des écus ;
　Voilà la différence.

Le voleur et le tailleur
Du bien d'autrui font le leur ;
　Voilà la ressemblance :
L'un vole en nous dépouillant,
Et l'autre en nous habillant ;
　Voilà la différence.

La cornette et le chapeau,
Tous deux couvrent le cerveau ;
　Voilà la ressemblance :
Sous l'une est l'esprit têtu,
Sous l'autre on l'a biscornu ;
　Voilà la différence.

Horloge et femme ont besoin,
Pour les régler, d'un grand soin ;
　Voilà la ressemblance :
L'une s'arrête en chemin,
L'autre va d'un trop grand train ;
　Voilà la différence.

Vos attraits et le bon vin
Du cœur savent le chemin ;
　Voilà la ressemblance :
Le vin ne fait que passer,
Vos attraits vont s'y fixer ;
　Voilà la différence.

Clitandre se plaint d'Iris,
Damon se plaint de Lays ;
　Voilà la ressemblance :
L'un murmure des rigueurs,
L'autre gémit des faveurs ;
　Voilà la différence.

Adolescens et barbons,
Pour aimer ne sont pas bons ;
　Voilà la ressemblance :
Il n'est pas temps à quinze ans,
A soixante il n'est plus temps ;
　Voilà la différence.

Maint époux, comme un cheval,
Est fougueux, dur et brutal ;
　Voilà la ressemblance :
Tous les deux la corne ils ont,
L'un aux pieds, et l'autre au front ;
　Voilà la différence.

Paris, ainsi que les champs,
Produit des gibiers friands ;
　Voilà la ressemblance :
Le gibier des champs nourrit,
Celui d'ici nous détruit ;
　Voilà la différence.

Le chasseur et l'amoureux
Battent le buisson tous deux ;
　Voilà la ressemblance :
Bien souvent dans le taillis
L'un attrape, et l'autre est pris ;
　Voilà la différence.

Le Haut et le Bas Normand,
Tous deux trompent finement ;
　Voilà la ressemblance :
On n'a point d'ame vers Caën,
On l'a double vers Rouen ;
　Voilà la différence.

Le laboureur et l'amant,
Tous deux cultivent leur champ ;
　Voilà la ressemblance :
L'un rit au bout de neuf mois,
Mais l'autre s'en mord les doigts ;
　Voilà la différence.

Hypocrate et le canon
Nous dépêchent chez Pluton ;
　Voilà la ressemblance :
L'un le fait gratuitement,
　Et l'autre pour notre argent ;
　　Voilà la différence.

Belle femme et bon mari
Font aisément un ami ;
　Voilà la ressemblance :
L'une en se servant des yeux,
L'autre en les fermant tous deux ;
　Voilà la différence.

Un rien détruit une fleur,
Un rien peut flétrir l'honneur ;
　Voilà la ressemblance :
La fleur peut renaître un jour,
L'honneur se perd sans retour ;
　Voilà la différence.

Chez les grands comédiens,
Comme ici, l'on voit des riens ;
　Voilà la ressemblance :
Ici l'on parle en chantant,
Chez eux on chante en parlant ;
　Voilà la différence.

LA LIBERTÉ RAVIE,

ROMANCE.*

Air : *L'autre jour étant assis.*

J'aime une ingrate beauté,
Et c'est pour toute ma vie ;
Je n'ai plus de volonté,
Ma liberté m'est ravie.
 Thémire a des rigueurs ;
 Mais mon cœur les préfère
 Aux plus douces faveurs
 De toute autre bergère.

Quand aux champs, dès le matin,
Le soin du troupeau l'appelle,
Le ciel devient plus serein,
Le jour se lève avec elle.
 Les amoureux zéphirs
 Naissent de son haleine,
 Et mes tendres soupirs
 La suivent dans la plaine.

Le rossignol va chantant,
Joyeux de la voir si belle ;
Le papillon voltigeant
La prend pour la fleur nouvelle.

---

* Cette Romance est tirée de la Pastorale des *Amours Champêtres*.

Pour mourir sur son sein
On voit les fleurs éclore,
De l'éclat de son tein
La rose se colore.

Malgré sa timidité,
Qui la rend plus belle encore,
D'une douce volupté
Dans ses yeux j'ai vu l'aurore;
Et sa bouche exprimer,
Par un tendre sourire,
Ce doux plaisir d'aimer
Qu'elle craint et désire.

LE FRELON,

ROMANCE.

Déja dans la plaine
Le chaud se calmait,
La bergère Hélène
Sur le jonc dormait :
L'air était tranquille,
Le soleil baissait ;
Dans ce doux asile
Mon troupeau paissait.

Là, dans un bois sombre
Fleurit le jasmin,
On entend à l'ombre
Le bruit d'un essaim,

Un ruisseau qui tombe
Sur un lit de fleurs,
Et de la colombe
Les soupirs flatteurs.

Sans prévoir d'alarmes
J'admirais ces lieux,
Quand de nouveaux charmes
Frappèrent mes yeux :
L'odorante haleine
D'un petit vent frais,
De la jeune Hélène,
Flattait les attraits.

Quels transports m'agitent ?
Quels désirs brûlans !
Mes soupirs excitent
Les zéphirs trop lents :
A mes yeux s'expose
Un sein délicat,
Un bouton de rose
M'offre son éclat.

Sa fraîcheur attire
Un frelon léger ;
Il vole, il admire,
Cherche à s'y loger :
De ses ailes couvre
Ce joli bouton,
Le caresse et l'ouvre
D'un coup d'aiguillon.

Hélène s'écrie,
Plein d'effroi j'accours ;
La nymphe attendrie
Souffre mon secours :
J'examine, touche
Le coup assassin,
Je presse, et ma bouche
Suce le venin.

Ah ! ton art, dit-elle,
Suspend mes douleurs.....
Quelle ardeur nouvelle !
Ah ! finis..... je meurs.....
Dieux ! quel feu succède !
O secours fatal !
Éloigne un remède
Pire que le mal.

Je l'entends à peine,
Un ardent poison,
Court de veine en veine
Troubler ma raison :
J'enivre mon ame
D'un miel enchanteur,
J'aspire une flamme
Qui brûle mon cœur.

Hélène interdite
Me craint et me fuit ;
Ma douleur s'irrite,
Le trouble me suit.
Dieux, si de ma peine
Je ne puis guérir,
Sur le sein d'Hélène
Faites-moi mourir.

DÉFI DE L'AMOUR

AU DIEU MARS.

Air : *Menuet d'Exaudet.*

Mars, un jour,
Et l'Amour,
A Cythère,
Prirent querelle tous deux ;
L'Amour lui dit : je veux
Te déclarer la guerre ;
Le dieu Mars
Prend ses dards,
Sa cuirasse ;
Et l'Amour tout désarmé,
Loin d'en être alarmé,
Menace.
Mars au combat l'appelle ;
Cupidon, d'un coup d'aile,
Rend ses traits
Sans effets :
Il balance
Sa puissance ;
Dans le cœur du dieu guerrier,
L'Amour, d'un vol altier,
Lui-même tout entier
S'élance ;
Mars, en feu,
Sent ce dieu
Dans son ame ;

Et l'enfant audacieux
A laissé dans ses yeux
Et son charme et sa flamme :
Mars soumis
En a pris
Plus d'empire :
A présent tout cède à Mars :
Qui soutient ses regards,
Soupire.

CONSEILS
AUX PARODISTES.

Air : *Menuet d'Exaudet.*

Sans humeur,
Sans aigreur,
La critique
Sait relever les défauts ;
Le sel de ses bons mots
Réveille, sans qu'il pique.
L'enjouement,
L'agrément
Est son style.
Corrigez en amusant,
Et soyez moins plaisant
Qu'utile.
Que le trait de l'épigramme
Frappe l'esprit, jamais l'ame :
Épargnez,
Éloignez
La satire.

Zoïle vain et moqueur,
En dégradant son cœur,
Fait rire.
Un censeur
Sans noirceur
Encourage,
S'intéresse à nos progrès,
Ne critique jamais
Que pour notre avantage :
Son secours
Est toujours
Nécessaire ;
Et l'éclat de son flambeau,
Loin d'offusquer le beau,
L'éclaire.

COUPLETS A JULIE.

AIR : *Lison dormait dans un bocage.*

Quand la Nature eut fait Julie,
Ce beau chef-d'œuvre elle montra ;
Mais en voyant sa modestie :
Elle est à moi, disait Vesta.
En sournois l'Amour vous la guette,
Et dit tout bas : nous verrons ça.
Ce regard fin, ce soupir-là,
Qui soulève sa collerette,
Prouve déjà qu'Amour l'aura ;
Et Julie à l'Amour resta.

Est-il beauté plus accomplie
Qu'Hébé, Vénus? Oui, la voilà!
Voyez sur sa gorge polie
Ce bouton-ci, ce bouton-là;
Cette taille fine et légère,
Et plus bas, plus bas.... Alte-là!
On n'voit pas ça, l'on n'touch' pas là;
C'est la cachette du mystère :
L'Amour jaloux défend ce lieu,
Un mortel y serait un dieu!

Livrez-vous à l'astronomie,
Buffon, Lacaille, d'Alembert;
Dans les beaux yeux de ma Julie
Je vois toujours le ciel ouvert.
Sans aller sur mer et sur terre
Du soleil chercher le degré,
Dans mon réduit, tout à mon gré,
Je mesure un double hémisphère;
Et je n'observe, tout au plus,
Que le passage de Vénus.

L'ÉCHANGE.

CHANSON.

Air *des Fleurettes.*

On voit encor des belles
D'un cœur simple et sans fard;
N'employez auprès d'elles
Ni les présens ni l'art;
Offrez rubans, chansonnettes.
Quand l'or ne peut réussir,
Souvent on sait attendrir
    Par des fleurettes.

Sous un ormeau, Thémire
Filait son lin un jour:
Tircis la voit, l'admire,
Et s'enivre d'amour.
Il cueille des violettes
Qu'il noue avec des faveurs.
Souvent on gagne les cœurs
    Par des fleurettes.

D'une rose en échange
Je serai satisfait;
Bergère, que j'arrange
Moi-même ce bouquet:
Berger, qu'est-ce que vous faites?
Dans son sein il le nichait,
L'Amour malin se cachait
    Sous ces fleurettes.

Alors sur une rose
Tircis porte la main ;
Le tendre Amour dispose
Thémire à ce larcin.
Ils sont seuls dans ces retraites :
Tircis presse avec ardeur,
Thémire donne une fleur
Pour des fleurettes.

LE MARCHAND DE QUINCAILLERIE.

Achetez de mes bagatelles,
Je vends de tout à juste prix :
Peignes d'ivoire pour les belles,
Peignes d'corne pour les maris.
V'là des pompons pour ces d'moiselles,
Et de jolis étuis garnis ;
V'là des sifflets pour les pièces nouvelles :
Depuis long-temps j'en fournis à Paris.
Achetez de mes bagatelles,
Je vends de tout à juste prix.

V'là pour les prudes coquettes
Des éventails à lorgnettes,
Des lanternes pour les jaloux ;
Pour les argus v'là des lunettes :
Venez tous faire vos emplettes,
J'ai des bijoux de tous les goûts,
Fines aiguilles
Pour les filles ;
Pour les abbés v'là des flacons,
Des cure-dents pour les gascons.

Achetez de mes bagatelles ;
Je vends de tout à juste prix :
Peignes d'ivoire pour les belles,
Peignes d'corne pour les maris.

CHANSONNETTE.

AIR: *Chansons, chansons.*

Vous qui voulez des chansonnettes,
Venez, venez en faire emplettes,
    Filles, garçons;
Fermez la bouche, ouvrez l'zoreilles,
Et vous entendrez des merveilles :
    Chansons, chansons.

Un philosophe d'importance
Va changer les mœurs de la France
    Par ses leçons.
On verra la morale utile
Réformer la cour et la ville :
    Chansons, chansons.

Des apprentis de la finance
Il corrige l'impertinence
    Et les façons;
Les petits commis de province
Ne prendront plus des airs de prince :
    Chansons, chansons.

On verra les époux fidelles
S'aimer comme des tourterelles
    A l'unisson;
Le monde se fera scrupule
De les tourner en ridicule :
    Chansons, chansons.

Des officiers, dans leur absence,
Auront toujours même constance
  Pour leurs tendrons ;
En revenant près de leurs belles,
Ils les retrouveront fidelles :
  Chansons, chansons.

Les abbés auront l'air moins leste,
Tout va prendre le ton modeste,
  Jusqu'aux gascons ;
On n'aura plus de ces coquettes
Pour qui les seigneurs font des dettes :
  Chansons, chansons.

Ces politiques inutiles,
Dans les cafés prenant des villes
  A leur façon,
Vont régler, non le ministère,
Mais leur maison, qui ne l'est guère :
  Chansons, chansons.

Nymphes du Cours dont l'opulence
Promène à grand bruit l'indécence
  En phaëton,
Vous n'irez plus en mascarade
Du déshonneur faire parade :
  Chansons, chansons.

CHANSON DE TABLE.

AIR : *La plus belle promenade.*

Que le plaisir nous enchante,
Qu'il soit l'ame du repas ;
Que l'on boive, que l'on chante,
Oublions tous nos débats :
Avec ce jus délectable
Le chagrin n'est plus permis,
Et c'est toujours à la table
Que l'on devient bons amis.

C'est le momeut du silence
Quand on sert les premiers plats :
On s'observe avec décence,
Et l'on se parle tout bas ;
L'entremets rend plus aimable,
Au dessert on voit les ris ;
Quand le Champagne est sur table ;
On devient tous bons amis.

Dans un cercle la saillie
Cause souvent du dépit,
La plus légère ironie
Est un vice de l'esprit ;
Dans un repas agréable
Tous les bons mots sont bien pris :
La franchise règne à table,
On est toujours bons amis.

Que je sais de gens sévères,
Durs et brusques le matin,
Qui, le soir, au bruit des verres,
Ont un plaisir clandestin :
Leur humeur est plus affable ;
Et, dans des soupers jolis,
Avec eux, l'Amour à table
Les rend les meilleurs amis.

Allons, gai, cher camarade,
Je t'attends le verre en main ;
Il faut boire une rasade
A la santé de Catin :
Si la belle, peu traitable,
T'a causé de noirs soucis,
Morgué ! fais-la mettre à table,
Vous deviendrez bons amis.

Blaise, barbier du village,
Pour humer du vin clairet,
Les soirs quitte son ménage,
Et chopine au cabaret :
Sa moitié, qui fait le diable,
Va l'étourdir de ses cris ;
Blaise la fait mettre à table,
Ils en sortent bons amis.

RONDE

DE LA PARODIE DE RATON ET ROSETTE.

Courons d'la blonde à la brune,
A changer tout nous instruit ;
Le croissant deviant plein'lune :
Après l'biau temps l'mauvais suit.
 L'hirondelle,
 Peu fidèle,
Change de lieu tous les ans ;
L'papillon, volage à l'extrême,
 Est errant dans nos champs.
 Si l'papillon,
  L'hirondelle,
   La lune,
La pluie et l'biau temps
 Sont changeans,
Il faut changer de même.

A tout vent la girouette
Et les ailes du moulin
 Font toujours la pirouette,
En tournant, tournant sans fin.
 Dans la pente
 L'eau serpente,
Et fait cent tours différens ;
On voit d'une inconstance exrême
 Les zéphirs voltigeans.
 Si l'papillon,
  L'hirondelle,
   La lune,
La pluie et l'biau temps,
 Les ruisseaux,
 Les oiseaux,

Les moulins,
La girouette,
Les vents
Sont changeans,
Il faut changer de même.

Les rochers de ce rivage
N'ont jamais changé d'endroits,
Et les clochers du village
Restent toujours sur les toits.
Ces montagnes,
Ces campagnes,
Sont là depuis fort long-temps ;
Cette source, toujours la même,
Va remplir ces étangs.
Si les rochers,
Les clochers
Les, ruisseaux, les étangs
Sont constans,
Je suis constant de même.

Le soleil autour du monde
N'a jamais cessé son cours ;
Ainsi, charmé de ma blonde,
Je veux la suivre toujours.
La fidèle
Tourterelle
Sert d'exemple aux vrais amans ;
Ce lierre à l'ormeau qu'il aime,
S'est uni dès long-temps.
Si le soleil,
Les ormeaux,
Les ruisseaux,
Les clochers,
Les rochers,
Les vallons
Et les monts,
Dans nos champs,
Sont constans,
Je suis constant de même.

LES DANGERS DU BOIS.

RONDE.

Air : *V'là c'que c'est qu'd'aller au bois.*

Tous nos tendrons sont aux abois :
V'là c'que c'est qu'd'aller au bois ;
Nos bûcherons sont gens adroits,
 Quand on va seulette
 Cueillir la noisette ;
Jamais l'Amour ne perd ses droits :
V'là c'que c'est qu'd'aller au bois.

Jamais l'Amour ne perd ses droits :
V'là c'que c'est qu'd'aller au bois.
Un jour ce petit dieu sournois
 Dormait à l'ombrage
 Sous un verd feuillage ;
Dorine approche en tapinois :
V'là c'que c'est qu'd'aller au bois.

Dorine approche en tapinois :
V'là c'que c'est qu'd'aller au bois ;
Elle dérobe son carquois,
 En tire une flèche
 Propre à faire brèche,
Dont elle se blessa, je crois :
V'là c'que c'est qu'd'aller au bois.

Dont elle se blessa, je crois :
V'là c'que c'est qu'd'aller au bois.
Depuis ce temps je l'aperçois

Qui pleure, qui rêve,
Morguenne, elle endêve;
L'imprudente s'en mord les doigts :
V'là c'que c'est qu'd'aller au bois.

Sa sœur Colette, une autre fois :
V'là c'que c'est qu'd'aller au bois,
Craignant qu'un loup dans ces endroits
Ne vînt la surprendre,
Pour mieux se défendre,
Prit pour guide un jeune grivois :
V'là c'que c'est qu'd'aller au bois.

Prit pour guide un jeune grivois :
V'là c'que c'est qu'd'aller au bois ;
Mais l'Amour, sûr de ses exploits,
Est de la partie,
Sans qu'on s'en défie;
On croit être deux, on est trois :
V'là c'que c'est qu'd'aller au bois.

Lise craignait de faire un choix :
V'là c'que c'est qu'd'aller au bois.
Sa vache s'égare une fois ;
La pauvre fillette,
Suivant la clochette,
Dans un taillis trouve un matois :
V'là c'que c'est qu'd'aller au bois.

Dans un taillis trouve un matois :
V'là c'que c'est qu'd'aller au bois,
Dont il lui faut subir les lois ;
La jeune bergère
Appelle sa mère
Qui ne peut entendre sa voix;
V'là c'que c'est qu'd'aller au bois.

FIN.

TABLE DES PIÈCES

CONTENUES

DANS LE TROISIÈME VOLUME.

                                                      Pag.

L'Amitié a l'épreuve, Comédie en trois actes et en vers, mêlée d'ariettes.   3

La belle Arsène, Comédie-Féerie en quatre actes et en vers, mêlée d'ariettes 82

Les trois Sultanes, ou Soliman II, Comédie en trois actes et en vers. 171

Les Rêveries renouvelées des Grecs, Parodie d'Iphigénie en Tauride. 285

Vaudevilles et Chansons diverses 341

FIN DE LA TABLE.